U0570977

小学新班主任入门

冯润胜／主编

中国出版集团　现代出版社

图书在版编目(CIP)数据

小学新班主任入门 / 冯润胜主编. —北京：现代
出版社，2020.5

ISBN 978-7-5143-8560-1

Ⅰ.①小… Ⅱ.①冯… Ⅲ.①小学—班主任工作
Ⅳ.①G625.1

中国版本图书馆CIP数据核字（2020）第066243号

小学新班主任入门

作　　者	冯润胜	
责任编辑	张桂玲	
出版发行	现代出版社	
地　　址	北京市安定门外安华里504号	
邮政编码	100011	
电　　话	010-64267325 64245264	
网　　址	www.1980xd.com	
电子邮箱	xiandai@cnpitc.com.cn	
印　　制	北京虎彩文化传播有限公司	
开　　本	710mm×1000mm　1/16	
印　　张	6.5	
字　　数	117千	
版　　次	2022年6月第1版　　2022年6月第1次印刷	
书　　号	ISBN 978-7-5143-8560-1	
定　　价	30.00元	

编 委 会

主　编：冯润胜

副主编：伍清文

编　委：陈燕专　刘永志　徐高岭　黄雪萍　林岭侠

　　　　　袁　媛　贾宪青　关楚贤　胡丽芬　李绮敏

　　　　　侯紫茵　林雪莲　曾娜玲

上品教化兮，立德树人；文化德育兮，琢玉成器！

学习是人生的动力引擎。习近平总书记说："只有加强学习，才能增强工作的科学性、预见性、主动性，才能使领导和决策体现时代性、把握规律性、富于创造性，避免陷入少知而迷、不知而盲、无知而乱的困境，才能克服本领不足、本领恐慌、本领落后的问题。"西汉刘向言："少而好学，如日出之阳；壮而好学，如日中之光；老而好学，如秉烛之明。"强调终身学习是青年人成长、成才的羽翼云梯。对于教育者还是受教育者而言，无论何时何地，都应是学习进行时。

粤港澳大湾区建设之际，广州市番禺区旗帜鲜明地打造"上品教化"教育理念升级版。"上品"，最优者也；"教化"，教育且化成也。旨在以岭南文化濡养区域教育，以素质教育成就区域发展所需的优质人才。番禺有这样一批专业名师、名班主任、名德育干部，他们把自己学习和教育实践的毕生经验毫无保留地著述成书，传之于世。《中学新班主任入门》《小学新班主任入门》正是他们基于教育实践研究出来的丰硕成果和智慧结晶。一位好教师，一位好班主任，自然应是追求"上品"的教育者——心里有爱、脑中有识、手上有法，做孩子们的良师益友。

智慧要靠智慧来培育，能力要靠能力来滋养，好学生要靠好教师来教育，班主任是学生幸福美好生命的编织者。苏霍姆林斯基强调："不能把孩子的精神世界变成单纯学习知识。他不仅应该是一个学生，更应该是一个有多方兴趣、要求和愿望的人。"一位好的班主任，应以终身学习为要求，以高尚的师德、渊博的学识、过硬的本领带领孩子们激发兴趣、燃起希望、驰骋梦想、创造未来。

看书学习，于有字处见字而知其意义，易；于无字处心知著者未言之意，难。班级管理不应只是"纸上谈兵"，还应"因地制宜"，即要与学生实际相结合，与班级发展相结合，与学校办学相结合。每一位年轻的班主任，不仅要成为教育理论的践行者，还要成为历史和时代的思考者、未来人才的培养者。要在学习中前行，在实践中成长，在研究中提升，实现从入门到优秀，从优秀到卓越，从领先到领袖的跨越式发展。相信每一位初入门者有缘读到这些书，一定会是人生的一种"美好相遇"——学以立德，学以增智，学以致用！

上品育才，不负韶华，学习最美！

2019年7月18日

广州市番禺区政协副主席、教育局局长

《中共中央国务院关于全面深化新时代教师队伍建设改革的意见》指出："百年大计，教育为本；教育大计，教师为本。"我们要遵循教育规律和教师成长发展规律，加强师德师风建设，培养高素质教师队伍。

　　近两年，番禺区教育局加大力度开展班主任队伍建设工作，努力打造一支师德高尚、业务精湛、结构合理、活力充沛的高素质专业化班主任队伍，促进全区中小学班主任专业化发展。2016年12月组建了番禺区班主任工作研究会，统筹省、市、区各级名班主任工作室工作，发挥其辐射作用，带动全区班主任专业素养的提升。目前，番禺区有省级名班主任工作室一个、市级名班主任工作室五个、区级名班主任工作室十四个、片级名班主任工作室二十多个、校级名班主任工作坊近百个。各级名班主任工作室在区研究会的统筹安排下，分工合作、协同努力，积极开展研讨组织培训，总结经验、推广成果，探索班主任队伍建设模式和班主任成长规律，有效促进番禺区中小学班主任队伍建设。

　　从2018年开始，番禺区班主任工作研究会对新入职班主任积极开展培训工作，帮助他们了解班主任的角色定位和工作职责，掌握班级建设与管理的基本技能，有效促进新班主任班级管理效能和工作能力的提高，在落实立德树人根本任务、发展和成就学生的同时，也让自己快速成长为骨干班主任。

　　本套教材就是由培训新入职班主任的导师们编写而成，分小学册和中学册。其中，小学册十个课时，中学册十一个课时，分别从班主任工作常规与职责、班级管理、班集体建设、家校共育、主题班会课设计、班级突发事件处理、学习策略指导、心理健康教育指导、班主任专业成长的自律策略和班主任工作常规文件十个方面帮助新班主任全面了解班主任工作职责和必备能力。中学册增加了"职业生涯规划指导",帮助班主任开展对学生的职业生涯规划指导。每个课时由"问题导入""知识导航""教育故事""学以致用"四个部分组成。"问题导入"呈现班主任工作案例,并提出两个问题,引导班主任思考工作中的常见问题;"知识导航"涵盖了与主题相关的工作常识;"教育故事"则是以教育叙事的方式,分享班主任处理问题的智慧和感悟;"学以致用"考察班主任学习知识之后解决实际问题的能力。

"育人为本,德育为先",抓好班主任队伍建设是落实立德树人根本任务的关键,班主任培训工作则是班主任队伍建设的重中之重。《新班主任入门》不仅是番禺区中小学班主任培训的教材,也是番禺区班主任队伍建设的成果之一,为班主任工作研究和实践提供了范例,体现了番禺区班主任队伍素质和教育管理水平,为提升全区中小学班主任专业素养奠定了良好基础,为促进班级建设科学化、现代化,为素质教育做出了贡献。

本书编写人员均是一线班主任,水平有限,书中肯定存在瑕疵纰漏,不当之处,还望广大教师批评指正。

本书编委

目录

第一课　班主任工作常规与职责

学校来了一位年轻女教师，她活泼开朗，喜欢学生，担任小学一（4）班班主任和语文教学工作。

有一次，我在午读巡堂的时候发现，别的班级都在午读，只有她班的学生在教室内追逐打闹，没有读书。事后，我向她了解为什么不安排班干组织读书，她委屈地说，她忙着学生学籍的事情，因为班主任有很多事要做，都不知道该做些什么。

> **问题：**
>
> 1. 班主任的常规工作有哪些？
>
> 2. 班主任做好班级常规工作应具备哪些能力？

知识导航

班主任是班集体的领导者，班级活动的组织者、策划者，学生的教育者，在整个班级发展中起主导作用，是班集体的"灵魂"。班主任是全面负责班级学生教育管理及一切班级事务的管理人员。班主任要熟悉常规工作内容：

1. 每日工作常规与职责

（1）检查学生出勤情况。

（2）每天召开班级晨会，总结前一天班级工作和布置新一天班级工作。

（3）每天做好晨检。

（4）做好环境卫生检查工作，重点是保洁工作。

（5）组织学生参加课间操、眼保健操，跟班查看学生做"两操"情况。

（6）关注班级课堂纪律。

（7）课间到班，加强对学生的安全、纪律管理。

（8）组织班级的集体活动，到场亲自组织，不得遥控。

（9）严把学生请假关。没有特殊情况的，一般不给予批假。

（10）完成学校临时布置的工作。

2. 每周工作常规与职责

（1）星期一早晨组织学生参加学校升旗仪式。

（2）主持班会课，总结班级一周工作，对新一周班级工作提出要求。

（3）参加班主任例会，做到不迟到、不旷会，认真听讲，做好会议记录。

（4）组织学生开展卫生大扫除，责任到人，不留任何死角。

（5）加强与学生家长联系，及时与家长沟通，每周不少于5人次。

3. 每月工作常规与职责

（1）一个月至少主持召开一次班干部会议，充分发挥班干部作用，加强班风学风建设，加强对班干部的培训和指导工作。

（2）督促宣传委员每月至少办一期黑板报，特殊节日另行安排，做好班级文化建设，工作形成一个积极向上的班级舆论氛围。

（3）做好与家长的沟通工作，利用电话、短信、家访等形式，针对学生情况，每月至少跟本班三分之一的学生家长取得联系，做好家校沟通联系工作记录。

（4）加强与任课教师的联系沟通，每月组织一次班级教导会，了解班级每名学生的学习情况，做好分析，配合协助任课教师开展学习方法经验交流活动，针对存在的问题采取切实可行的措施，做好优生培养和后进生转化工作。

（5）每月分类召开1—2次学生座谈会，了解学生思想变化、心理健康、学习要求等情况，及时发现问题并帮助学生解决问题。

4.每学期工作常规与职责

（1）制订计划，确立班级目标

班级工作计划是开展班级管理工作之前预先拟订的具体要求、内容、步骤和方法。计划的内容一般包括班级情况分析、班级工作目标和具体措施。

（2）班干部的选拔和培养

班干部的选拔可以遵循以下三个基本原则：察言观行，以行为主；个别考察与学生评议相结合；公平竞争，择优上岗。

班干部的培养可以从以下四个方面入手：充分信任，可控授权；及时检查，督促指导；教给班干部工作方法和工作艺术；建立班干部例会制度，及时总结提高。

（3）班级活动的开展

班级活动有很多分类方法，可以分为：班级例会、主题教育活动、文体活动、学习竞赛活动、科技活动、社会教育活动和社会实践。

（4）建立健全班级档案

班级档案是对每名学生德智体美诸方面情况进行的认真考察和记载，这是班级管理中的一项重要工作。其主要内容有：学生报到注册情况记录表、班级学生情况登记表、班委会干部简历表、学生座位表等。

（5）制定班级各项常规制度

班规应在校规校纪的基础上建立，不得违背教育的方针政策。制定班规应以育人为目的，引导学生共同制定，使学生认识到班规是保护班集体利益，保护全体学生合法权益的保障，让学生在制度制定中受到教育。

（6）写好评语

期末评语不仅是学生全面、正确了解自己的主要形式之一，而且也是家长了解和教育学生的重要依据。因此，写好学生期末评语就显得尤为重要。

💬 **知识拓展**

班主任做好班级常规工作应具备的能力：

1. 思想教育能力

这是班主任的首要任务，也是做好整个教育工作的基础和前提。班主任要善于做好学生的思想教育工作，具有较强的思想教育能力。

2. 组织管理能力

一位优秀的班主任必须具备良好的组织管理能力。班主任的组织管理能力主要包括计划能力、常规管理能力、组织开展活动能力、判断能力、决策能力、指导能力以及协调能力。

3. 交往和沟通能力

班主任要善于与家长、社会联系，取得家庭和社会的支持，形成教育合力，共同对学生实施教育。

4. 创新学习能力

班主任工作是一项创造性的工作，没有也不可能有固定不变的模式。要做好班主任工作必须不断创新，有新思维、新内容、新举措，这就要求班主任有创造性和创造力。

5. 自我反思能力

自我反思是班主任提高工作水平的重要途径。班主任需要经常进行反思：反思自己的工作方法是否得当；反思自己的言行是否一致；反思自己的知识储备是否能满足教育的需要；反思自己是否全面了解学生。总之，班主任要勤于反思、善于反思，不断提高自己的工作水平。

6. 自我控制能力

班主任工作烦琐，在工作中难免会遇到这样或那样的困难，有时候自己的工作得不到领导的重视、学生的理解、任课教师的支持。遇到这样的事情时，难免会引起情绪的波动。班主任这时候应该理智对待，学会自我控制。

教育故事

子晏是一名聪明的学生，但又是让人头疼的学生。他上课时特别好动，安静坐着的时间不会超过两分钟，一个人玩还不算，有时喜欢弄出点怪声扰乱课堂秩序。我对他动之以情、晓之以理地做工作，没少费功夫，可还是毫无起色。

　　我不断地自我反思：怎样才能唤醒他那处于"冬眠"状态的上进心？一次听写词语，子晏得了100分，我送他一本新本子，并在本子上盖了一个红红的"大拇指"印章。我提示他每天做了值得家长和老师表扬的事，都可以来告诉我，然后我会送他一个"大拇指"印章，集满五个印章就可以得到全班同学的一次表扬，还能得到一张"好学生"的奖状。

　　第一天、第二天，他没来找我。第三天，他真的主动告诉我："今天，我在地上捡了一块垃圾。"我及时地肯定了他是一位讲卫生的好学生。以后的几天，我在他的本子上印上一个又一个"大拇指"印章。慢慢地，来向我告子晏状的学生变少了。一个个印章、一次次表扬、一阵阵掌声、一张张奖状……终于，有老师告诉我："咦，你们班的子晏比以前可爱多了嘛！"他的奶奶也告诉我："我家子晏一直跟我说老师表扬他，我发现他在家里的表现也确实好了些。"看到他这样的转变，我心里真的很高兴。

教育心得

　　一个小小的红印章、一道放低的"门槛"，就能给学生一点希望、一份自信、一种启迪，就能让一艘小船不再搁浅，就能让一个灵魂不再沉睡。

　　每一名学生都是一本书，内容都是丰富的。用真爱、宽容、耐心、智慧去等待他们的进步，把"门槛"放得低些、再低些，是教育的上上策。

课堂微记录

　　这节课，我们的活动主题是＿＿＿＿＿＿＿＿＿＿＿＿＿＿＿＿＿＿＿

　　我们的结论是：＿＿＿＿＿＿＿＿＿＿＿＿＿＿＿＿＿＿＿＿＿＿＿＿

　　＿＿＿＿＿＿＿＿＿＿＿＿＿＿＿＿＿＿＿＿＿＿＿＿＿＿＿＿＿＿＿＿

学以致用

　　林老师担任小学四（2）班班主任，他认为，学生到了四年级，应该放手让他们自主管理，培养他们的自主能力。于是，班级中无论大小事务，全都安排班干部负责。有科任老师投诉说课堂纪律越来越差，林老师也不以为然，说这是班干部的职责，要借此锻炼班干部的管理能力。

思考：

1. 林老师把班级事务都交给班干部负责，是否有不履行班主任职责的嫌疑？

2. 你是林老师，会怎样回应科任老师的投诉？

第二课　班级管理

问题导入

吴老师是一位年轻的班主任，全部精力都放在班级，几乎每天都待在教室里，事无巨细地全方位照顾学生。按说这么认真的教师，班级管理应该很顺利。但是近来，吴老师常常收到各科老师的投诉，说班主任不在的时候无法正常教学。而学生之间也是矛盾不断，经常有学生投诉。年轻的吴老师有点心力交瘁了。

> **问题：**
>
> 1. 这个班级中，班主任充当了什么角色？
> 2. 你觉得吴老师这样管理班级的方法有何不妥？

知识导航

班级管理是班主任根据一定的目的和要求，采用一定的措施手段，带领全班学生，对班级中的各种资源进行计划、组织、协调、控制，以实现教育目标的组织活动过程。

常见的班级管理模式：

1. 常规管理

班级常规管理是指通过制定和执行规章制度管理班级的活动。规章制度是学生在学习和生活中必须遵守的行为准则，具有管理、控制和教育作用。通过规章制度的制定，可使班级各项工作有章可循、有条不紊。通过规章制度的执行，可以培养学生良好的行为习惯以及优良的班风。

2. 平行管理

班级平行管理理念来自苏联教育家马卡连柯的班级管理理论，是指班主任既通过对集体的管理间接影响个人，又通过对个人的管理直接影响集体，从而把对集体和个人的管理结合起来的管理方式。他强调教育个人与教育集体的活动应同时进行，每一项针对集体开展的教育活动应收到既教育集体又教育个人的效果。

3. 民主管理

班级民主管理是指班级成员在服从班集体的正确决定和承担责任的前提下，参与班级管理的一种管理方式。实质上就是发挥每一名学生的主人翁精神，让每名学生都成为班级的主人。班级民主管理是指班主任与学生共同确定班级总体目标，然后转化为小组目标和个人目标，使其与班级总体目标融为一体，形成目标体系，以此推进班级管理活动，实现班级目标的管理方法。

（选自《班主任与班级管理》，北京师范大学出版社）

💬 知识拓展

班级管理实用操作：

1. 建立管理系统，培养班干部

班级管理重在用人。人用对了，一盘棋就活了。班干部是班级管理的中坚力量，他们是否得力，直接关系到班级管理的质量。因此，班主任工作的首要任务就是因人设岗、选拔班干部。选拔前，班主任应对班级学生进行调查了解，根据学生的兴趣与特长和班级实际所需灵活设立岗位，组建班级管理系统，并选拔那些团结同学、关心集体、乐于服务，同时又具备组织管理能力的学生担任班干部。

对入选的班干部进行培训指导尤为重要，班主任可针对班干部的特点进行合理分工、扬长避短，逐步正规化并形成系列。比如，初级培训目标是"成为称职的班干部"，中级目标是"如何把工作做得更出色"，高级目标是"培养未来的领袖"。小学生年龄小、能力有限，遇事喜欢问教师，教师要注意培养学生的独立性和自主性，鼓励他们积极锻炼。

2. 树立良好班风，制定班规

班风是班级发展和学生成长最重要的影响源之一，对外是班级形象的呈现，对内则是一种氛围和一种无形的力量。一个良好的班集体应该有着良好的班风和合理的规章制度，这样，全体学生才能团结一致，逐渐凝聚成为一个不断进步的班级大家庭。

（1）把握舆论方向，创设积极向上氛围

在班风中，舆论方向最重要，它体现着班级学生的价值观倾向。学校是学习与成长的地方，班级舆论应该以好学、独立、自强为荣。班主任对大是大非的问题，立场要绝对坚定，平日又要善于发现学生的良好表现并进行面广量大的表扬与鼓励。小到捡起地上的纸屑，大到好人好事，班主任可以从各种层面进行肯定。同时，班主任也要及时发现那些不良思想和行为并进行批评教育，让学生互相监督、互相提醒、共同进步，形成良好的舆论心理。班风建设，就是要培养学生的价值观、荣辱观，知道什么是好的，什么是不好的，什么能做，什么不能做。有表扬，也有委婉的批评，帮助学生从正反两方面正确评价自己和别人。班风好了，学生向上的能量就会得到聚集并发挥作用。

（2）遵循学生实际，设立班级管理制度

俗话说："没有规矩，不成方圆。"一个班级要想取得好的发展，必须要有一套班级管理制度。制定班级管理制度可以在深思班级管理目标之培养什么样的人的基础上，让学生充分发表自己的意见。班规一旦制定，所有的成员都必须清楚并加以遵守。在实际管理中，班主任应针对不同学生进行适度变通，讲究管理的艺术，把学生个性发展融入班级管理制度中，以便充分发挥学生的优势所长，培养他们积极进取、勇于开拓创新的精神。

3. 营造交际环境，指导学生交往

人际交往氛围是否良好，关系到教育工作能否顺利进行以及学生是否正常地学习生活。因此，要在班集体中形成民主、平等、和谐的师生关系和团结友爱、互帮互助的同学关系。这种氛围的形成依赖于学生间良好的人际交往技能。班主任可通过设置情境、角色扮演、照镜子、哑剧表演、讲故事等方式，引导学生正确认识人际交往原则，主动改变和他人交往中的不当言行。班主任自身则要用心关爱每一名学生，春风化雨、润物无声般滋润学生心田，做他们的良师益友。

4. 紧密联系任课教师和家长，形成教育合力

班主任要善于处理好和任课教师的关系，与其密切配合，让他们充分展示自己的长处、优势，不断激发他们对班级管理的热情，教育思想一致地共同做好学生教育工作。

班主任要本着理解和信任的原则，积极与家长进行沟通，真正地走近学生、了解学生，并争取家长的配合，才能够有的放矢、因材施教。家庭和学校密切合作，教育势必会得到最佳的效果。

教育故事

"老师，小乐和小刘打起来了，你快去。""老师，数学老师把小萌赶出教室，她跑不见了。""你们班的体育课，我完全上不下去！"刚毕业的我凭着满腔的冲劲和激情，主动担任了班主任工作。于是，我每天都奔波在教室和去教室的路上。一时化身消防员，给打架的学生灭火；一时化身妈妈，给犯错的学生讲许多感动自己的大道理。虽说每天回家都累瘫在沙发上，但是看着自己的学生慢慢走上正轨，我觉得自己这个事事亲力亲为的消防员累点也值得。若没有发生那件事，我也许永远不会改变。

三年级要举行广播操比赛。提前一个月，我就开始在班里训练，几名调皮的学生总不认真训练，放学后我就把他们留下来，一个动作一个动作地纠正。每次训练都叫苦叫累，好言鼓励也没啥效果。一到训练时间，经常有家长给学生请假。正式比赛那天，原本35人的班级，一下子请假9人。当时，我就蒙了。有家长说："不就是一次比赛，有什么了不起？那么重视结果干什么？"颁奖时，平时最闲适的陈老师所带的班级拿了一等奖。他们全班震耳欲聋的欢呼声和我们班的垂头丧气形成了鲜明的对比。"这太不公平了！我每天都投入大量时间组织练习，而陈老师，我就从没看她练过！说好的'天道酬勤'呢？"年轻气盛的我满心的埋怨和不解。

当晚，我在教育微博里写出了自己的委屈。一位同行留言指出："你可以观察陈老师平时怎么做，学习她的教育方法。"一语惊醒梦中人，我开始留心观察陈老师的班级。她的集体活动特别多样，每名学生每天都有自己的职责岗位。不久，在学校的班主任经验交流会上，陈老师分享了她的带班之道："'教育了集体，团结了集体，加强了集体之后，集体本身就会成为一股强大的教育力量。'只有加强集体建设，形成强大的集体合力，班主任的工作才能高效、有效。"原来，平时看似悠闲的陈老师的妙招在于建设班集体，发挥班集体的教育力量。

找到问题的突破口，我开始大量阅读关于班级建设的书籍，还利用家长资源，组织一些能调动全班学生共同参与、团结合作的校内外活动，如篮球赛、听写大赛、户外拓展、亲子运动会等。每次活动前，我都动员学生和家长共同参与。活动后，我会及时总结活动的收获，从而培养了全班的合作意识。同时，我提出"班级是我家""班级以我为荣"的口号，让全班学生达成互相关心、互相帮助的意识。我也注意培养学生个体的责任意识，通过担任班干部职务，发挥他们的聪明才智，增强个人对群体的归属感，提高班级凝聚力。

从此，在我的班级里，学生开始快乐满足地忙碌着，而我也可以和陈老师一样气定神闲地在办公室里静心备课。因为，我的班集体已经成为最好的教育力量。

教育心得

积极发挥集体的教育力量，有利于调动师生双方的积极性和创造性；有利于形成轻松愉快、生动活泼的班级氛围；对促进班级的和谐发展有着重要作用。

课堂微记录

这节课，我们的活动主题是＿＿＿＿＿＿＿＿＿＿＿＿＿＿＿＿＿＿

我们的结论是：＿＿＿＿＿＿＿＿＿＿＿＿＿＿＿＿＿＿＿

＿＿＿＿＿＿＿＿＿＿＿＿＿＿＿＿＿＿＿＿＿＿＿＿＿＿＿＿＿

学以致用

刘老师接手了四年级的一个班级。接班后，刘老师用不苟言笑和严厉维护着师道尊严，竭尽所能地在学生面前树立自己的"威信"。在"威严"的"震慑"下，学生对刘老师毕恭毕敬。上课时，学生一个个坐得笔直，没有人敢说话，眼里流露的是顺从和紧张，还有一点畏惧。

思考：

1. 请你分析，刘老师的班级管理是否存在问题？产生问题的原因是什么？

2. 你认为刘老师可以从哪些方面改善自己的班级管理？

第三课 班集体建设

问题导入

　　这个学期，学校来了一位刚刚大学毕业的年轻女教师担任班主任，充满活力，深受学生喜欢。一开始，学生都很听这位女教师的话，但时间久了，很多学生特别是班级中几名男同学慢慢摸清了她的脾气，总是捣乱。参加学校的红歌比赛，两名男同学竟然故意改歌词，还在比赛的舞台上嬉戏打闹，一点集体荣誉感都没有。女教师很生气，给学生讲了一堂课的道理，还讲了很多有关集体荣誉感的故事。那天，她的脸都是青色的，还从来没发过这么大的脾气。女教师讲完后，学生好了很多，但没过几天，那几名男同学好像又打回了原形。女教师依旧给他们讲道理，还狠狠惩罚了他们。没过多久，似乎这样的学生越来越多了。

问题：

1. 这个班级出现了什么问题？

2. 班级建设中出现这些问题的原因是什么？

知识导航

　　一个优秀的班集体，一定有自己独特的班级文化。班级文化建设是班集体建设的重要部分。班级文化是什么？班级文化是一个班级的"灵魂"，是班级发展的动力，是团结一心的凝聚力，更是一种"润物细无声"的感染力。所以，班主任一定要用心打造属于自己班级的、富有个性的文化。班级文化建设一般分为班级的显性文化和隐性文化，细分还可分为物质文化、精神文化、制度文化三个方面。

1. 班级物质文化

班级物质文化是班级形象的重要标志之一。心理学研究表明，自然环境、社会现实会对人的心理产生巨大影响。从"环境课程"的角度美化班级的自然环境，设计班级物质文化，让那些不会说话的"物"会说话，这就需要班主任充分发挥自己的灵感，认真构思、巧妙设计，调动全班学生的积极性和主动性，集思广益、踊跃参与。教室的环境布置要做到"三化"。

（1）净化教室

"一屋不扫，何以扫天下？"安排学生参加教室卫生打扫保洁，每天做到"三扫三拖"，摆放好卫生清洁工具，保持门窗、黑板、桌椅、地面、花盆等干净整洁，不仅让学生体验劳动的快乐，也可以培养学生团结协作精神。每天定时打开教室窗户，保持室内外空气流通，保持教室内的空气清新，既可以预防流行性疾病，也可以让师生精力旺盛、身心愉悦地工作学习，还能避免学生在空气污浊的环境中学习而导致身心疲惫、上课睡觉等现象。

（2）绿化教室

绿色象征青春和活力，代表着希望。在教室空间允许的情况下，学生自愿或家委购买一些适于室内摆放的盆景、花草等，摆放在教室里，让学生和花草一起成长，共同分享成长中的快乐，让教室内的"人""物"充满绿色，充满青春的气息。

（3）美化教室

爱美之心，人皆有之。教师要发动学生精心设计、巧妙布置，力求教室高雅、美观、和谐。美化教室包括：

① 班训可张贴在黑板正上方，用黑体红字，显得比较厚重、醒目。

② 世界地图和中国地图可置于黑板的两侧，要激励学生胸怀祖国、走向世界。

③ 班级发展目标可贴于教室后墙的上方，用宋体红字，显得比较庄重、醒目。

④ 学习园地（或者黑板报）可布置在后墙上，建议设计"时政要闻""精品书屋""学法交流""学习心得""书画作品""实践感悟"等栏目，要做到图文并茂、定期更换、展示成果、交流思想。

⑤ 将班级学生参加各项活动或评比的奖状张贴在学习园地（或者黑板报）上。

⑥ 评比栏和班务栏分别置于学习园地或黑板报的两侧，评比栏以学习小组为单位，对学习、纪律、卫生等进行评比，班务栏可以张贴学校制度、班级公约、年级组工作安排、班费收支等内容。

⑦ 名人挂像或字画可挂于教室窗户之间的墙面上，起到榜样示范或激励学生的作用。

⑧ 心愿墙可置于教室前后门之间没有窗户的墙面上，全班学生要将自己每学期的心愿、目标和打算精心谋划、认真书写，与全班学生交流共勉。

2. 班级精神文化

班级精神文化是为激励学生发展，熏陶学生心灵，起到"润物细无声"的感化作用，必须建设的基本文化。

（1）定班名

① 因材定名。

新接手一个班级，班主任先要了解学生的思想、兴趣爱好、学习情况等特点，才能制定班级发展的方向和目标，特别要做到根据学生心理特点和班级特点，从发展的角度去制定班名。

② 融入理念。

班名不只是一个名字，它应该是有思想、有温度、有力量的，要渗透着文化与追求，凝聚着活力与激情。所以，在起班名时，要融入学校办学理念，融入班主任的思想，更要把这种思想渗透、灌输给学生，要做学生人生的引路人，引领他们树立正确的人生观和价值观。

③ 传承创新。

现在很多教师都是小循环教学，到了四年级换班主任、换任课教师，随之而来的就是班名和管理手段、管理方式的改变，这让学生有点无所适从，而且班主任还要花很大力气重新规划。所以，可以根据以往的工作经

验进行传承创新。

（2）定班徽

班徽的寓意相当于班级的愿景，要简单、深刻。简单是图案简洁明了，一看就懂；深刻是富有深远意义，能激励学生奋勇前行。

（3）定班服

班服首先有领子，显示出精气神；其次颜色鲜艳、有朝气。班服前面或侧面印制班徽，后面印制班名。班服的制定一般要学生参与设计，教师参与规划，家长参与决策。

（4）定班旗

一面旗代表一个班，代表着一个班集体的集体信仰，图案要简洁明快、寓意深刻，以三到四种颜色为好，尽量不用渐变色。

不管是班名还是班徽，不管是班服还是班旗，学生置身于深厚的、个性化的班级文化氛围中，班级自豪感、荣誉感一定会油然而生。所以，在设计的时候一定要精心筹划、全员参与，做到用心、用情才能激发学生的凝聚力。

（5）班级目标

班级目标是全体成员的追求，要统一。统一目标就是统一思想。目标分为总目标、阶段目标和小目标。总目标是最终目标，阶段目标是每一年的目标，阶段目标下还可以有一个个小目标，如月目标等。班级目标的考核和量化可以通过班级目标墙来实现。

（6）班级口号

《现代汉语词典》中说，口号是"供口头呼喊的有纲领性和鼓动作用的简短句子"。班级口号则是依据班级具体情况自编的短小、顺口，为达到一定目的、实现某项任务，而提出的有鼓动作用的、简练明确的、具有正能量的语句。班级口号制定原则是简短、响亮、激昂、有鼓动性。班级口号不能随意而定，一定要融入班级的文化，切勿假、大、空。

（7）班歌创作

班歌已经成为班级文化建设中不可或缺的部分。常唱班歌能够激发学生的意志力，对学生产生潜移默化的作用。班主任要抓住学生的心理需求，把积极进步、健康向上的歌曲确定为班歌，让学生在课间、集会等场合齐唱，可以起到振奋人心、凝聚人心的作用。有条件的班级可以让学生进行自主创作班歌，也可以邀请家委参与其中。班歌的宗旨要体现学生精神面貌，具有激励作用，融入学生的情感。

3. 班级制度文化

科学、民主、健全的班级规章制度，对培养学生行为习惯、主人翁精神、民主意识有着巨大的促进作用。班级的制度文化包含很多内容，如班级组织制度、岗位制度、奖惩制度等。

（1）班级组织制度

班级的组织制度一般是班主任或班级教育小组组织领导，下设班长、学习部、纪律部、生活部、艺体部、信访部等。根据不同学校、不同学生的特点及学校德育的顶层设计可以设置不同的班级组织制度，如现在比较流行的小组管理制度等。

（2）班级岗位制度

当前许多学生都会产生"不在其位，不谋其职"的想法，要想调动学生的积极性，必须做到岗位明确、具体。在班级岗位设置方面一般采取竞岗制，"竞"就是"竞选"，"岗"就是"岗位"。学生想到什么岗位都可以提出来，并给予他命名权。如"光明使者""电脑先锋""督察员""收发员"等，大家都行动起来，每一件事都有人管，每一个人都有岗位，大大激发了学生的主人翁意识和责任感。有条件的班级可以设立班级岗位牌，上面有岗位职责和学生的照片，让学生对自己的岗位有认识、有荣誉感。

（3）班级奖惩制度

为了在制度层面上让每名学生都有展示自我、积极向上、比学赶超的舞台，班级奖惩制度一般采用星级奖励制，包括课堂表现、课间纪律、课后作业、测试等。每一个好的表现都能获一张小奖状或一颗小星星，积累到一定数量，可以免作业或兑换喜欢的奖品，学生都很喜欢。比如，五张一星卡可以换取一张二星卡，五张二星卡可以换取一张三星卡……依次类推，最后五星卡可以换取学生喜欢的免作业卡、心愿卡等。星卡奖励制度可以极大地激发学生的积极性和潜能。班级的奖惩制度一定是一个系统的工程，必须有量化的、可操作性的具体措施，并根据学生的年龄和心理特点不断发展、调整，做到学生信服，家长满意。

（4）制定班训

犹如学校要有校训，班级要有班训，旨在用以指导或警示师生的言谈举止、学习行为。初稿确定后由班干部进行讨论，教师、家委要参与进行修改，最后要公布修订稿，广泛征求学生意见并做动员。班训制定的内容要简明扼要、言简意赅。

（5）班规公约

"没有规矩，不成方圆。"良好的纪律意识能保证班级具有强大的战斗力，促使师生向着班级的奋斗目标协力前行。班规公约的制定要注意以下几个方面：班规公约的制定要学生和教师共同商讨；班规公约的内容力求少而精；班规公约的形式要多种多样。

💬 知识拓展

班级公约实用操作：

1. 课堂内外

（1）同学之间、师生之间不得互相埋怨指责，如对方有错，必须友善地进行交流，解决问题。

（2）当自己做错了，必须认错并赔礼道歉。

（3）放学离开教室，每个人都要收拾自己的课桌，将椅子推进桌子下面。

（4）课桌上的东西必须分类整理，不能随意乱放。

（5）课堂上教师提问，必须回答。如果懂了，则要声音洪亮地把自己的理解说出来；如果不懂或者不明白，也要如实说出来。

（6）讲话时，看着对方的眼睛。

（7）别人讲话时，不可以随意打断。

（8）不可以私下议论同学和教师的是非。

（9）同学交往时不可以用粗鲁的字眼。

（10）当同学心情不好或遭受失败时，要进行鼓励和安慰。

（11）教师布置的作业，必须认真完成，对作业有不同意见，可以向教师申诉。

（12）当教师送学生礼物时，学生要双手接过并鞠躬相谢。

（13）不可以藐视课堂，包括语言藐视、肢体藐视。

（14）同学发言时要认真聆听。

（15）如果班上有同学赢得比赛或有什么出色的表现，大家应鼓掌恭喜他。

（16）不要用咂嘴、翻白眼等类似动作表示轻蔑。

（17）不要带零食到学校。

（18）如果有任何同学找你麻烦，须让班主任知道。

（19）课间不在教室或者走廊等公共场合打闹。

2. 公共秩序

（1）参加学校集体活动，要穿戴整齐，符合学生身份。

（2）按时起床出操、进教室。

（3）全校集会时，不要说话，不要东张西望，也不要试图吸引别班学生的注意。

（4）不要插队。如果有人在你前面插队，你应该告诉他这是不对的，或者直接告诉教师。

3. 就餐就寝

（1）用餐时不可高声喧哗，就餐完必须收拾自己的食物残渣。

（2）就寝时不得乱窜宿舍以及吵闹。

（3）尊重生活老师，不可与生活老师顶嘴。

（4）用水、吃饭都不可贪多，造成浪费。

4. 文明修炼

（1）遇到大人或长辈，要主动称呼。大人问话，一定要清楚回答：是、不是；好、不好；有、没有；或说我不知道。不可以只点点头或摇摇头，也不可以含糊回答。

（2）咳嗽、打喷嚏、打嗝时，得体的做法是转过头去，并用整个手掌掩口，然后说声对不起或抱歉。

（3）回家或出门一定要与家长打招呼。

（4）接受别人礼物，不要表示嫌弃，也不要不领情，侮辱送礼的人。

（5）随时为别人做一些小小的贴心服务，带给别人一个小惊喜，至少一个月一次。

（6）如果你推开一扇门，有人在你后面，你要帮他扶住门。如果门是用拉的，你就拉开门，但自己先不进去，扶着门在旁边，礼让另一个人先行，然后自己再进去。

（7）过节时，要在家里陪伴家长。

5. 惩罚措施

（1）违反课堂纪律影响大家学习者，要道歉，并决心悔改，为全班同学表演一个节目，并获得认可，或者做一周的纪律班长维持班级纪律。

（2）不遵守午休、晚寝纪律，严重影响其他学生者，至少做两天的中午巡查，或者对宿舍进行一次净化或美化。

（3）不遵守餐厅纪律要求者，在班级中做检讨。

（4）违反考场纪律者，背诵《考生守则》，或者写一份悔过书。

（5）破坏学校和教室卫生者，向全班同学道歉，并承包相应区域的卫生整理一周，不认真履行则延长期限，或自带几盆花草美化教室，并认真负责养护。

（6）无故旷课者，向班主任说明情况，主动向教师要求把落下的功课补齐。

（7）破坏公共秩序者，背诵《学生守则》，为班级争荣誉或做好事一次。

（8）对公共设施造成损坏者，要主动赔偿，拟定一条爱护公物的标语。

6. 教师公约

（1）教师上课迟到，要向学生道歉，在班里讲一个故事。

（2）教师没有兑现对班级以及学生的承诺，要兑现承诺，或者用其他两件事来挽回失误。

📷 教育故事

"喂，Mr. 贾吗？我是生活部的冯老师。" "冯老师，您好！请问怎么了？" "你们班的吴同学在宿舍总是跟旁边的人打闹，而且老师批评提醒他，总是一副很不服气的样子，斜着眼睛瞪人，而且一堆的歪理，说什么我偏心，旁边同学的脚臭，影响他午睡。今天更可气，午睡的时候，旁边的一名学生去厕所了，他把人家的枕头藏了起来，问谁都不承认，真是气死人。最后提到给您打电话，他才说是他藏起来的。您一定要好好教育一下，真是气死人了。"电话那边，冯老师一副激动、怒气冲天的样子，仿佛就站在我面前，放下电话已经是14：00了。看看时间，学生都应该去教室了。回到教室，这学生已经在教室门口等着我了，因为他知道，这次可能真捅娄子了。看着他一副垂头丧气的样子，我把他叫到办公室，并没有劈头盖脸地批评他，只是让他先把班级公约中有关修养的内容写了出来：

（1）无须提醒的自觉。

（2）以约束为前提的自由。

（3）为他人着想的善良。

看着他递过来的公约内容，我随即追问："你理解咱们班这条公约的内容吗？"他抬起头来看看我，胸有成竹地说："理解啊，老师，您天天让我们背，天天让我们把每天做的事情对照说感受。" "很好，把你今天中午的所作所为，对照这三点说给我听吧！"刚刚还眼睛放光的他，顿时低下了头。"老师今天不批评你，按照我们班级公约这一条的三点，拟订一个午睡的方案吧。"第二天，午睡方案拿来了：

（1）要做到无须提醒的自觉。

（2）每天关灯前，午休的时候，不打扰别人休息。

（3）每天关灯后，盖好被子并保持安静。

"拿给冯老师，并让冯老师在方案上打钩，交给我。"第二天，生活部老师打来电话："Mr. 贾，您这三点太管用了，这学生好多了……"

📖 教育心得

班级不是有了漂亮的环境就有了文化，不是有了班级的名称和旗帜就有了文化，而是根据学生的特点和心理拟定符合学生行为的准则，并在实践中不断地反复训练，从而内化学生行为，提升素养。这才是真正起到约束、激励、启发作用的班级文化。

✏️ 课堂微记录

这节课，我们的活动主题是 _____

我们的结论是： _____

_____

📓 学以致用

刚刚当上班主任，每天的上课、晨检、填表，外加学生一堆事情的处理让李老师分身乏术，特别是几个潜能生让他手足无措。每天出现问题，李老师脑子里的概念就是惩罚：罚他们写作业，罚他们做值日。渐渐地，潜能生越来越抵触，越来越调皮。

思考：

1. 请你分析学生越来越抵触的原因是什么。

2. 你认为李老师应从哪些方面改善自己的班集体建设方法？

第四课　家校共育

台风天，早上6点半，学校依据气象部门的通知发出相应的停课通知。

伊妈妈和班主任莫老师有一段QQ交流：

伊妈妈："莫老师，你好！我家伊坐公交车去学校了，现在还没有回家。"

莫老师："伊妈妈，你好！我现在也在家里，不清楚学校的情况。"

伊妈妈："我们家离学校远，她去学校的时候还没有发出停课通知。这么半天，伊也没有给我打电话，想去接她，又怕来回错过。"

莫老师："学校里有值班领导的。你可以联系一下。"

伊妈妈："我希望学校以后不要临时放假，而且发停课通知应该要早一点。"

莫老师："天气恶劣，学校也是关心学生安全。而且，这样的事情往往具有突发性。再说，遇台风停课也是国家的规定，和学校没有关系。你和值班室联系一下吧。"

伊妈妈："电话没人接！学校有问题啊！"

莫老师："涉及学校和教育形象的话题，我个人不愿意做评论。请你理解。"

伊妈妈："临时停课，也不考虑学生的安全。对人漠不关心，哪里像是老师！"

莫老师："你这话就有点过了。我认为绝大多数老师是心地善良，也愿意帮助学生的。遗憾的是，现在老师们都不在学校，我也是鞭长莫及，帮不上你的忙。"

伊妈妈："我的话不过分！我就是不爱听'我帮不上你忙'，我没有要你们帮忙。"

> **问题：**
> 1. 上述的家校沟通失败的原因在哪里？
> 2. 如果你是莫老师，你会怎样与伊妈妈沟通？

📖 知识导航

教师如何在家校沟通中采取有效措施，避免家校紧张甚至是家校冲突呢？这就需要掌握一种基本的理念和技巧——同理心。通俗地说，同理心是站在对方的立场，设身处地地理解对方的感知、体验和看法。

同理心包括这样三个层次：一是理解对方的情感和认知；二是理解对方为什么会产生这样的理解和认知；三是把自己对对方设身处地的感受告知对方，以获得对方的认同。

在运用同理心和家长进行沟通时，要把握以下两点。

1. 树立平等意识

有调查发现，家校沟通中存在比较严重的失衡现象，沟通双方的关系失衡是其中一个重要方面。究其原因就在于，教师认为自己具有一定的教育专业知识，再加上传统的"师道尊严"意识，往往是支配家长参与教育活动。而大多数家长也觉得自己缺乏专业知识，从而在沟通中处于从属地位。

教师作为家校沟通的主导方，掌握着教育权力，在沟通中占有优势地位。在与家长的沟通中，应该以平等待人的心态，以互相合作的意识，进行平等的沟通。只有抱着平等的观念，才能显现在言行中，才能让对方感觉到自己的真诚和善意，从而奠定友好沟通的基础。

2. 学会换位思考

换位思考是同理心的另一种表达，就是站在对方的角度看待问题，从而理解对方的情感和认知。教师在运用这一沟通技巧时，要注意三个要点。

（1）倾听

认真、耐心的倾听是沟通的前提，是运用同理心的第一个层次，即设身处地地感知对方的情感和认知。

一个优秀的倾听者，往往容易获得对方的信任。教师在和家长沟通时，首先要明白，一般家长主动要求沟通时，其诉求可能是积聚了很久一段时间，也可能是突发性事件引起的。这个时候，家长情绪比较强烈，想说的话也会比较多。

教师这时应该耐心地倾听家长的表述，不要随意打断、生硬制止。当家长不断倾诉甚至发泄之后，情绪会趋于平稳，这个时候再开始理性的讨论、交流才有可能。

教师除了愿意听，还要会听，听取家长话语中的真正意愿是什么，真正诉求是什么。在上述案例中，教师并没有静下心倾听家长的诉求，自然也没有听出家长的真正意愿。伊妈妈一开始不断向班主任莫老师倾诉自己的担心，自然是希望班主任能够通过各种方式了解学生的情况，这也是人之常情。可惜，莫老师的反应却很冷淡："伊妈妈，你好！我现在也在家里，不清楚学校的情况。""学校里有值班领导的。你可以联系一下。"这两句话拒人千里之外，没有体谅伊妈妈的着急。

（2）理解

在沟通的过程中，造成冲突的原因有以下两个方面。一是情绪。大多数沟通冲突案例表明，冲动、过激等不良情绪让彼此沟通失去理性，偏离议题，成了发泄情绪的过程。二是结论。双方有片面、错误的结论，让对方不能接受，造成了沟通的困难。

因此，沟通中需要彼此理解。理解是运用同理心的第二个层次，即理解对方为什么会产生这样的情感和认知。

所处的环境不同、立场不同、角度不同、看问题的方式不同，得出的结论也不同。倘若沟通双方只站在自己的立场看问题或各执一词，最终结果是不欢而散。教师在和家长沟通时，要从对方的角度去想，去感受对方的情感和认知，尤其是面对对方不良情绪时，教师要沉得住气，理解对方的情感，千万不要因此冲动，破坏沟通的氛围。在此基础上，继而判断对方的认知哪些是合理的，哪些是不合理的。

上述案例中，教师没有理解家长的急切心情。学生冒着台风去上学，家长又不了解学生的行踪，着急是正常的。如果教师能够从家长的立场上思考，自然就能明白家长的心情，然后想办法联系学校，了解学生的情况，自然就不会发生后面的语言冲突。

（3）回应

美国著名教育家内尔诺丁斯曾指出，倾听和回应是人与人之间彼此关怀的两个要点。回应的方式很多，肢体语言、口头语言、书面语言都是回应的方式。

在家校沟通中，运用最多的回应方式是肢体语言和口头语言。积极的回应方式，会让对方感受到善意，保证了友好沟通的继续。

教师在回应家长时，要注意肢体语言和口头语言的结合。这种综合性的回应，其实是同理心的第三个层次，即把自己对对方设身处地的感受告知对方，以获得对方的认同。常见的方式有不断点头、注视对方，辅以"是的""我同意""我觉得是这样""的确让人着急"这一类的话语。

比如说，当伊妈妈很急切地向莫老师述说时，莫老师应该立即回应："你先别太着急，伊生活能力很强。""我先联系一下学校，看看伊是不是到学校了？"这样的回应体现热情、措施具体，会让家长心生感激。

教育故事

那一天，我接到一学生爸爸的电话："老师，孩子这几天都很晚才回到家，为什么？""他每天的作业都非常马虎，提醒了他几次也不见效，我这两天就要求他留下认真完成作业。"我很有理由地告诉学生爸爸。"老师，你不能总说孩子不认真的！不能总留下他，这样他会自暴自弃的！"家长居然这么说。

当时听了，我确实有点生气，但转念一想，家长也一定是担心学生的安全，关心学生。他的话虽然都在否定我的做法，但也有他的道理。我不用跟他计较，要先听听他的。于是，我心平气和地说："那你觉得该怎么处理呢？"家长听到我征询他的意见，语气也缓下来，说："老师，感谢你留下孩子，辛苦啦！但孩子坐车回家要一个小时，到家天全黑了，我们很担心！""这段时间孩子不认真，我们也知道。我在家已经不断鼓励他，我们就怕孩子自暴自弃。老师，我这孩子很爱面子。"我说："我会注意方式的，但学生不认真，我们不能不管。这样下去，会让学生养成不良的习惯呀！"家长说："老师，我们明白明白，谢谢你。要不这样，我们在家尽量督促鼓励他认真完成作业。如果确实需要留下他，你就留下，不过超过5点20分，你就先让他回家。剩下的作业，麻烦你用微信告诉我，由我来督促完成，好吗？"

📖 教育心得

很庆幸，我当时没有生气，而是耐心地听完家长的话。与家长沟通后，学生的学习态度有了很大的转变，这跟我和家长成功的沟通有着密切的关系。的确，教师耐心倾听才能了解家长内心的需求，从而变得理智。教师能倾听与理解家长，才会有机会进行理性的沟通。理性的沟通才会有效，问题才能得以解决。

✏️ 课堂微记录

这节课，我们的活动主题是＿＿＿＿＿＿＿＿＿＿＿＿＿＿＿＿
我们的结论是：＿＿＿＿＿＿＿＿＿＿＿＿＿＿＿＿＿＿＿
＿＿＿＿＿＿＿＿＿＿＿＿＿＿＿＿＿＿＿＿＿＿＿＿＿＿＿

📚 学以致用

某一天晚上，班级家长微信群里出现几张一名学生脚受伤的照片。随之，家长群开始讨论起来。而受伤学生的妈妈在群里直接说，肯定是老师照顾学生不到位，导致自家孩子在学校上体育课受伤……

思考：

1. 作为班主任，遇到这种情况你会如何处理？
2. 请你分析家校在共育中产生分歧的主要原因。

第五课　主题班会课设计

三年级的学生年龄一般在9—10岁。他们正处于从低年级向高年级过渡的重要时期，生理和心理都发生了明显的变化，情感从外露、浅显不自觉地向内控、自觉发展。由于情绪控制能力有限，加上辨别是非的能力不足，并且缺乏社会交往的经验，他们经常会遇到很多难以解决的问题，需要家长和教师提供正确的引导和及时的帮助。

很多班主任都会发现，三年级的学生喜欢共同游戏和学习，但他们遇到了问题总是难以心平气和地处理，常为一点小事而面红耳赤。他们不再喜欢像一、二年级时那样告状了，而是喜欢拌嘴甚至大打出手。经教师处理后，他们依然会愤愤不平，因觉得处理得不够公平而生闷气。

问题：

1. 以上学生问题的解决办法有哪些？

2. 如果你是班主任，班级出现这样的状况，你会设计什么样的主题班会来引导教育学生？

知识导航

主题班会是指在班主任的主导下，全体学生共同参与，为解决班级或学生成长中存在的教育问题，围绕某个主题而实施的班级活动。

1. 主题班会的特征

（1）主题性特征

主题班会的目标是为了完成一个主题教育，具有明确的活动目标、活动设计和完整的计划，它不同于一般意义上的常规管理的班会。

（2）主体性特征

班主任在班会主题的选择和实施过程中起主导作用，但活动的主体是参加班会的所有学生。学生是主题班会的"主角"，不能本末倒置，变成教师的"一言堂"。

（3）功能性特征

主题班会的主题来源于学生的生活，针对班级中的现实教育问题和共性教育话题，主题班会的功能目标是促进学生的全面发展。

（4）技能性特征

主题班会是在班主任主导下实施的一堂德育活动课，是班主任智慧的集中体现，也是考察评判班主任教育能力和教育素养的一个重要参照。

2. 主题班会的功能

与一般的教育方式不同，主题班会是对学生进行自我教育的有效方式；主题班会具有情感感染的功能；主题班会可以增强班级的凝聚力；主题班会可以引领班级的集体舆论，形成良好的班风；主题班会可以倡导良好的风尚，澄清学生对某些现象或问题的模糊认识，给予学生清晰明确的方向引导；主题班会可以激励学生的成就动机，促进学生的全面发展。

主题班会的功能

3. 主题班会的设计与实施

主题班会的设计与实施，班主任需要了解各个阶段的主要内容，明确自己在班会准备和组织实施阶段要完成的任务，才能顺利、准确地完成主题班会的设计与实施。一般来说，可以划分为以下三个阶段。

（1）主题酝酿

主题酝酿的过程有两个基本方向：一是干预已经发生或正在发生的问题；二是预防可能出现的问题。

确定主题后，需要进一步分析主题，确定到底是日常主题、政治主题、阶段性主题、节日性主题、偶发主题，还是学生日常关注的主题，并要结合学校和班级中的活动实施条件，确定主题实施的具体形式。

（2）撰写方案

撰写方案是主题班会实施的重要保证。班主任把主题班会零散的设想与构思以书面文字的形式规范地写出来，这不但实现了自身知识形态的转变过程，也是班主任研究能力实现质的飞跃的过程。主题班会的方案一般包含主题名称、活动背景、活动目标、活动形式、活动准备、活动过程、板书设计等几个部分。

一节好的主题班会课设计凸显了"主题小、选材近、内容趣、过程实、形式新"五个特点。主题班会的活动形式不要太刻板单一，素材的呈现方式要注意组合与搭配的多元化。一个故事、一组照片、一幅漫画、一段动画、一段录音、一个视频、一则新闻、一部教育电影、一次体验活动……都可以成为主题班会的素材。

（3）组织实施

组织实施阶段是在主题确定以后，以班级为单位，由教师和学生共同参与、共同实施班会计划的过程。它一般包含以下三个阶段：

一是主题导入和揭示。主题导入的方式是直接影响学生参与主题班会热情的重要因素。导入形式新颖，导入活动有趣，并能引发学生的情感共鸣，将为接下来的活动打下良好的情感基础。因此，导入应简洁、生动，具有启发性。用于导入和揭示主题的素材与资料一定要进行精心挑选，进行充分论证，最好是具有典型性和启发性的素材，以确保主题班会具有鲜明的主题特征。

二是主题展开和深化。主题的展开与深化阶段是在主题导入后，通过有效的活动，让学生深刻体会主题教育的内容，获取关于主题的态度、体验和经验的过程。在这个环节，班主任可以通过体验活动、讨论活动、表演活动、叙事活动、感悟活动等常用的活动形式，丰富学生的感受，深化学生的情感，提升学生的认识，从而使学生实现从认知到情感，从情感到行为的螺旋上升的过程。

三是主题总结和提升。在主题班会结束时，教师和学生共同总结活动的感悟，进行主题的深化和提升。主题总结包含凸显主题、深化体验、定向引领的目标。主题提升不仅是界定主题班会时间效果的重要环节，也是检验主题班会中教师是否发挥主导作用的重要参考指标。

实践运用

回顾开头提出的案例，三年级的学生出现这种状况的原因是多样的，教育的手段和方法也是多样的。班主任除了针对内因和外因双管齐下以外，还可以尝试根据班级和学生的现状与特点，设计"团结友爱""互帮互助"等方面的主题班会。当然，班主任也可以根据学生的年龄心理特点，从自我排解的角度出发，设计有针对性的主题班会课。现提供以下主题班会设计方案，供大家参考。

当生气来敲门

活动背景：

中、低年级的学生由于年龄尚小，喜欢共同游戏和学习，但容易激动，遇到一点不顺心的事就容易生气，既给自己带来不悦，又影响身边的人，直接影响学生的身心健康。因此，教师引导学生认识自己、调整情绪，让其拥有阳光心情和健康身体是很有必要的。

本次活动从学生的生活实际入手，通过听故事、看图片、讨论等方法让学生感受到生气的危害，学会接纳情绪、合理表达情绪，懂得情绪对身心健康的影响，并初步学习如何调控情绪。

活动目标：

知识目标：了解自己的情绪，认识生气的危害性，尝试理解接纳、改变自己的情绪。

情感目标：体会不良情绪带给自己及他人的负面影响，感受正面情绪带给我们的快乐。

行为目标：在生活中，意识到过度生气是不必要的，学会想办法调整自己的情绪。

活动准备：

绘本、PPT课件、表格等。

活动过程：

一、课前热身——做做猜猜

1. 同学们，在上课之前，老师想跟大家玩个小游戏。我们都知道人有各种各样的表情，而不同的表情代表着不同的情绪。下面，老师考考大家，看谁最快猜出老师的表情代表什么？

2. 现在轮到你们啦！看谁最快做出相应的表情。

课件出示各种情绪的字，如：开心、害怕、惊喜、生气、失望、紧张、满意、愉快……让学生做相应的表情。

3. 小结：你最喜欢以上的哪种情绪？最不喜欢哪种情绪？

4. 过渡：但万一要是生气起来，我们该怎么办呢？（揭示课题）

二、故事导入——了解生气造成的危害

1. 看绘本，听故事

今天的微班会呀，老师给大家带来了《生气的亚瑟》的故事，请同学们仔细看、认真听，听完后想想这个故事主要讲了什么？听完后，你有什么感受？

2. 齐分享，共交流

亚瑟最后都不记得自己为什么生气了，你呢？听了这个故事，你有什么感受？

3. 看图片，明危害

图片1：美国心理学家爱尔马在杯子中放入0℃的冰水，然后收集人类在不同情绪下呼出的气放在冰水里。结果发现，放入心平气和时所呼出的气的冰水是纯净透明的；而放入生气时呼出的气的水竟然出现了可怕的紫色沉淀。

图片2：医学实践也证明，生气会让人的肝火上升，血压也会急速上

升。因此，不少人因为生气导致脑出血，甚至还有人因为生气想不开而丢了自己的性命呢！

三、故事推进——讨论排解生气的方法

1. 创情景，引讨论

其实，面对生气造成这么严重的后果，亚瑟也很苦恼，但亚瑟不会释放调整自己的情绪。我们来帮帮他，好不好？请大家以小组为单位，讨论一下：当遇到让人生气的事情时，有什么好办法可以让自己不那么生气？

2. 争发言，商对策

（略）

3. 师小结，纳方法

你看，我们想了很多办法。所以，当亚瑟再生气的时候，他可以先想办法让自己冷静下来，然后找到适合自己的排解情绪的办法，就能很好地控制自己的情绪，不再发那么大的脾气了。（根据板书归纳）

四、故事导行——学习疏导不良的情绪

1. 齐反思，导言行

在生活中，你们像亚瑟一样，遇到过让你生气的事情吗？

今天的班会，我们学会了这么多疏导生气的办法。如果我们再遇到这件事，你会怎么做？

2. 融生活，巧延伸

以后在学习生活中，倘若再遇到让我们生气的事情，我们要学会用合理的办法释放生气给我们带来的负面情绪，让快乐能量像鲜花一样开放！一周后，咱们来比比谁收集的快乐能量最多，好吗？

📓 课堂微记录

这节课，我们的活动主题是 ＿＿＿＿＿＿＿＿＿＿＿＿＿＿＿

我们的结论是：＿＿＿＿＿＿＿＿＿＿＿＿＿＿＿

＿＿＿＿＿＿＿＿＿＿＿＿＿＿＿＿＿＿＿＿＿

学以致用

　　小李接任了一个据说是全年级最好动的班级：学生做事不但没有耐心，还特别爱说悄悄话，男生比女生更胜一筹，一有机会就聚在一起，叽叽喳喳地说个不停。除了爱随便说话以外，学生的小动作也特别多：一张纸，一支笔，一条小橡皮筋，他们都能玩出新鲜创意，要么练"杂技"，要么叠小船，要么写上带点迷信的运气标签，更多的是写上恶作剧的词语捉弄别人。如果是自习课，更加"壮观"……

思考：

1. 请你分析产生这种问题的原因。

2. 针对这种情况，请你设计一次主题班会或活动。

第六课　班级突发事件处理

问题导入

上课铃响了，学生都从操场快速跑回教室。三年级的两名同班学生因为都跑得过快，撞在了一起，其中一个倒在地上。放学后，被撞倒在地的学生回到家中，头晕呕吐，立即送院，诊断为颅内出血，立即手术治疗。

> **问题：**
> 1. 学生被撞后，班主任（该节课任课教师）应如何处理才能把对学生的伤害降到最低？
> 2. 学校如何改进课间管理，避免同类事件发生？

知识导航

班级突发事件是指班级中突然发生的、预料之外的不良事件。比如，突然发生的安全事故、学生之间的冲突、学生与教师的顶撞、学生突然的情绪波动等。班级突发事件往往都是棘手的事故，而处理这些事情是教师（特别是班主任）不可避免的工作。遇到突发事件时，教师要按照学校制定的突发事件处理机制，把事情处理好，迅速平息事端，将恶性影响减到最小，既保护学生、教育学生，也减少家长之间、家校之间的矛盾。

常见的班级突发事件以及处理原则和方法。

1. 失窃行为

失窃行为在班级中屡见不鲜，主要发生在低年级。小学低年级的学生年龄小，个别学生比较自私，也可能家庭教育缺失，他认为好的东西想拿就拿；当看到别的小朋友有好看的文具、玩具或者什么物品，只要自己喜欢，也会悄悄地偷拿，占为己有。而学生并不认为这是多大的错误。

（1）处理原则

保护自尊、自我改正。

（2）处理方法

在遇到这种案例时，教师要及时处理，并且要注意保护学生的自尊心，不要当众揭穿，要给做错事的学生一个改过的机会，学生才会愿意说出真话，自我改正。处理学生盗窃事件时，教师应以事实为依据，不以老眼光看人。

2. 恶作剧

爱玩好动是学生的天性，尤其是小学低年级的学生，一些任性的学生有时动手动脚，爱捉弄班里的同学。比如，把女同学拉到男厕所，把脚伸出来绊倒同学等。

（1）处理原则

预防为主，教育从严。

（2）处理方法

教师在处理此类事件时要本着教育性原则，也要视乎这个事件的危害性大不大。只是一般的捉弄学生，没有影响到学生安全的，教育从严，处理从宽，以学生受到教育，促进每名学生的成长为目的；但如果涉及危害人身安全的捉弄事件，必须严肃批评教育，杜绝类似事件再次发生。

捉弄同学是小学阶段的常见现象，玩笑开大了，还有可能引发安全事故。所以，教师要时刻提高警惕，预防为主，经常给学生讲捉弄对同学造成伤害的故事，观看相关视频，引起学生的重视；发生捉弄同学事件后，教师要及时跟进，尽可能地平息事端，尤其关注学生是否受伤，有受伤的尽快与家长联系，及早治疗，要了解事情的真实情况，反馈给双方家长。随后，教师要对全班学生进行提醒、教育，避免类似事件再次发生。

如果捉弄事件影响较大，已经上升为学生之间的矛盾冲突，事后必须与双方家长进行沟通，但不建议一开始就把家长叫到一起，因为护子心切，家长在一起，容易把学生之间的小问题上升为家长之间的矛盾，事情就更难处理了。

3. 意外伤害

意外伤害是班级突发事件中最棘手的事情。学生好动，学校必须组织学生参加体育锻炼，安全事故在学校里还是偶有发生，尤其在课间和体育课上。比如：课间追跑，结果磕破脑袋；贪玩抱起同学，同学头撞地面，把牙齿磕断了；等等。出现安全事故后，教师一定要慎重处理。

（1）处理原则

及早处理，保护学生。

（2）处理方法

现场处理阶段：

① 查看伤情，及时救治。

如果伤势严重，校医处理不了的，要迅速送医院治疗；如果只是轻微受伤，则由校医简单处理，但也要把学生的情况尽快告知家长，由家长决定是否去医院治疗。

② 告知家长，配合治疗。

③ 及时上报，各方沟通。

事实还原阶段：

① 寻找目击者，了解情况并记录。

② 待伤者病情稳定后，记录伤者陈述。

③ 与家长还原事实。

后期协调、教育阶段：

① 总结反思。

② 与双方沟通，协调赔偿。

③ 了解伤者治疗效果、心理状况。

④ 抓住教育契机，把"事故"变为"故事"。

4. 细心呵护情绪波动

因为家庭教育的缺失、家庭变故、学生之间的交往、自身性格的特点等原因，一些学生的心理比较脆弱，容易出现情绪突变而导致的事件，教师对这部分学生要给予更多的爱心和关注，细心呵护、温柔以待。

（1）处理原则

对于班里容易情绪变化的学生，教师要给予更多的关注和爱心，遇事不与此类学生计较太多；遇到学生情绪突变，教师首先要沉着冷静，请来该生信服的人尽量好言好语安抚，耐心待他情绪平复。处理情绪失控的事件，教师更要注意安全，包括情绪不稳学生的安全、其他学生的安全、教师自身的安全，要与情绪不稳的学生保持安全距离，先让其情绪平复下来，不去刺激、激怒他。事后，教师要对该生及时进行心理疏导，有必要时联系家长，争取家长的配合。

（2）突发情绪的处理

① 安抚学生，稳定情绪。

② 告知家长，上报学校。

③ 心理疏导，后期追踪。

④ 家校沟通，促成转变。

⑤ 做好保密，保护私隐。

教育故事

刚开学两个星期，一位身体较健壮的一年级男生，因为比较多动，与其他学生玩时弄伤了同学。一位家长在班群反映自家孩子被那位男生弄伤并要求男生妈妈进行教导，此信息引起了多位家长的共愤。男生妈妈多次在群里道歉，但家长们的情绪依然气愤，不愿接受男生妈妈只道歉但没有教导好孩子的行为。就这样，班级微信群突然成了"声讨群"。

班主任该如何及时妥善处理呢？

第一，班主任首先在群内提出微信群公约：班级微信群是教师用于发布班级事务和收发通知的，也是传递正能量的地方。班主任要尽快制止家长在群里继续讨论，引导家长有事情和教师私聊，才能有效地解决问题。

第二，班主任及时向相关家长和学生了解情况，解决纷争。随后约见男生妈妈，要求她在家也要教导自己的孩子约束行为，不骚扰其他同学。

第三，引导学生在学校发生的事情要向教师汇报，及时解决好问题，最好不要把问题带回家去，避免把学生之间的小问题上升为家长之间的矛盾。

第四，在班级微信群里召开微讲座，让家长相互理解与包容。

班主任告诉家长：这个世界上存在着一些不一样的"折翼天使"，也许他们出生后就有些功能丧失或发育不好，也许他们反应比别人慢，也许他们会比较调皮，也许他们会比较古怪……他们往往会受到嘲笑，甚至会被排挤。假如你是"折翼天使"的家长，看到自己孩子被排斥，心里会是多么难受。所以，大家要学会换位思考，理解那些"折翼天使"，理解这些学生的家长。学生之间有矛盾的，引导学生不用太计较，家长更不要在微信群或者放学时独自去责骂其他学生，有问题告知教师处理即可。只要家长之间多一分理解，多一份扶持，多一点气度，将会给学生树立很好的榜样。学生就能学会接纳、学会包容，交到更多的好朋友，得到更多的快乐。

自此以后，这个班里的微信群再没出现声讨学生的信息了。在班群里出现更多的是家长之间团结互助、资源共享的好风气，班级凝聚力更强了。

教育心得

遇到班级突发事件，教师、学校妥善处理，可以避免很多的安全隐患、意外伤害，有利于营造安全和谐的文明校园，有利于家校的良好关系，有利于家长与家长之间、学生与学生之间的和谐相处，为学生提供一个安全、文明的学习环境。

课堂微记录

这节课，我们的活动主题是 _____

我们的结论是：_____

_____

学以致用

下课了，二年级的小仟同学一时兴起，把文具盒里的几张人民币向上抛。几名学生争着抢，正在写字的小禹也凑热闹跳起来抢，手上尖尖的铅笔不小心扎到站在一旁看热闹的小晴，眼角被扎了一道小口渗出了血，而且立刻肿起来，小晴被同学扶到办公室找班主任。

思考：

1. 请你说说班主任老师该怎样处理。

2. 针对防范学生意外伤害，你有什么小妙招？

第七课　学习策略指导

升上四年级后，张老师经常接到家长电话，说学生的学习成绩比之前退步很多，晚上不能按时完成作业，睡觉时间明显推迟了不少。回顾班级情况，张老师也发现：学期初，很多学生的确不在状态，早读时往往没有做好准备，而书桌上更是横七竖八地摆放着各种东西；课堂上，学生很难跟得上教师的教学进度，学习效果很不理想。

> **问题：**
>
> 1. 学生的学习出现了什么状况？
> 2. 升上小学高年级段，班主任需要为学生更好学习提供哪些学习策略的指导？

知识导航

研究发现，学习效果取决于一个人的智商、努力程度和学习策略，其中智商只起10%的作用，努力程度起到40%的作用，而学习策略起到了50%的作用。即使是智商一般的学生，也可以不比别人多花时间和精力，通过科学的、巧妙的学习方法，达到事半功倍的效果。

学习策略主要是指学习的方式和方法，它影响着个体对知识的吸收、理解和记忆。每个人都有不同于他人的学习方式和方法。心理学家们早就发现，儿童由于性格、气质、兴趣、爱好的不同而产生了个性化的学习方式。学习方式主要有四种：视觉型、听觉型、运动型和混合型。大部分人都是以某一种学习方式为主，在这种学习方式下学习的效果最好。

1. 视觉型学习方式

视觉型学习者是一个敏锐的"观察者"，他们通过眼睛获取外部世界的信息。如果一个学生能够通过看，包括阅读、观察、看图表等，获得最佳的学习效果，那么他就属于视觉型学习者。其主要能力表现为：出现示意图或图片，不需要帮助就可以获取信息、知识；阅读比听更能使他们理解得到位；记忆的时候爱闭上眼睛；对细节有相当敏锐的洞察力，同时具有丰富的想象力；擅长玩拼图游戏；喜欢穿干净、颜色搭配协调的衣服；等等。视觉型学习者对第一次看到或读到的东西能记住70%~75%。但是，课堂上经常是教师讲，学生听，听觉信息远远多于视觉信息，这对他们来说十分不利。如果没有呈现出黑板上的视觉信息，他们很可能对教师刚刚发出的指令、给予的解释无法接受，而不按指令行事，则会受到教师的批评，于是产生焦虑和不安。

如何使视觉型学习者最充分利用自己的长处进行学习呢？主要方法有：用图或者思维导图表示想法；注释或者标示重难点；记录下各种琐事；画示意图。

2. 听觉型学习方式

如果一名学生能够通过听别人的解释或谈论而获得最多的知识、达到最佳的学习效果，那他就是一个听觉型学习者。主要能力表现有：听一遍指示就可以照着做，不需重复多次；擅长辨别声音，喜欢大声朗读，擅长讲故事，对歌曲听一两遍即能重复；等等。对于视觉型学习者来说，教师的言语表扬并不能真正激励他们，小红旗、小五星、对他们的微笑、点头才是他们喜欢的奖励；而对于听觉型学习者来说，教师的言语表扬已足以使他们感到高兴、满足和兴奋。听觉型学习者也有自己的弱点，如实验操作。对于听觉型学习者来说，必须有教师的口头解释，一旦知识点很难用语言解释时就会很难理解。而且，这些学生喜欢与学生讲话，很容易违反课堂纪律，也容易被各种无关的声音刺激所干扰而分散注意力。

对于这些学生，也要给他们提供一些独特的方法以帮助他们更好地运用自己的听觉能力进行学习。主要方法有：听有声读物，编制学法、用法小诗，口头作文，大声朗读。

3. 运动型学习方式

运动型学习者是一个"行动家"，他们喜欢把自己的身体融入学习活动中。对他们来说，有肌肉参与的学习，亲手做实验、参加演示、尝试错误、拆装物体，要比纯粹的视觉或听觉学习效果更佳。主要表现能力有：喜欢体育运动、户外活动和动手制作；精力充沛，很难安静地坐着聆听；能够领会身体接触时所表达的关爱与鼓励，如轻拍或者抚摸背部；经常用身体语言来表达自己的情感；等等。但是，由于目前学校中教师主要是用说和写的方式传授知识，学生很少有机会动手学习，因而对运动型学习者来说十分不利。他们很容易在学校中成为学习落后者，甚至成为问题学生。

对于这样的学生，应该采用什么样的方法使他们达到最佳的学习效果呢？主要方法有：多提供动手操作的机会；多设计游戏学习活动，适当玩耍；提高阅读能力；随时记录；可利用操作仪器辅助。

4. 混合型学习方式

混合型学习者可以用两种甚至三种敏锐的能力处理各种不同的知识。大约有30%的学生具备这种能力。他们或者是视觉与听觉的混合，或者是视觉与运动的混合，或者是听觉与运动的混合，甚至是视觉、听觉与运动三种能力的混合。

对于这样的学生，我们首先要确定他们到底哪些能力较强，习惯怎样运用自己的各种能力处理问题。只有明确了学生的能力混合情况，才能进一步帮助其科学、合理地运用各种能力，协调一致地达到目标。

知识拓展

《关于全面深化课程改革落实立德树人根本任务的意见》中提出，学生六大核心素养的培养与好习惯的养成密不可分。小学阶段是各种良好行为习惯养成的黄金时期，而对于内部稳定性较差的小学生来说，存在着各种各样的坏习惯是在所难免的，就算发现了自身的不足，因为缺乏自律和有效的监督，不能持之以恒，也会反复再犯。

1. 从行为主义理论解释习惯形成的心理机制

行为主义学派中主要有以下两种理论，即以华生为代表的经典性条件作用理论和由美国心理学家斯金纳所创立的操作性条件作用理论。关于习惯的形成过程，这两种理论的说法大致相同，即一切行为的产生与改变都是源于刺激与反应之间的联结关系。而在刺激与反应联结之际，个体学习到的是习惯。习惯是某种刺激情境下多次重复反应的结果。

2. 从心理学角度解释如何养成习惯

根据美国心理学家的动物记忆试验，行为主义心理学认为，一种行为重复21天就会变成习惯性动作，重复90天则会成为稳定的习惯。

美国心理学家凯尔曼分析，改变一个行为需要经历三个阶段。第一阶段：顺从。新行为让我们别扭，就好像让一个习惯用右手的人必须使用左手一样，我们需要刻意地提醒自己，要去服从，要去顺从。第二阶段：认同。我们已经在心理上愿意接受新行为，并有意识地做出新行为，仍然是刻意的，但是相对来说慢慢变得自然了。第三阶段：内化。新行为已经进入我们的潜意识，自然而然地成为我们的一部分。

基于以上分析，可以在班级管理过程中制订有效的"月坚持计划"，从文明礼貌、生活行为、道德行为和学习行为等方面入手，通过家校紧密合作，提高学生的道德认知，丰富其道德情感，坚定其意志，并逐渐养成良好习惯。具体要求如下。

文明礼貌习惯：从待人接物的礼仪、态度等方面对学生提出要求，提高学生的交往能力。

生活行为习惯：培养学生饮食起居、卫生等方面的良好行为和习惯，使得他们懂得一些良好的生活习惯，有一定的生活劳动能力。

道德行为习惯：对人、对事、对国家、对集体、对自然的为人处世的态度和行为方式，提高学生社会化水平和社会适应性。

学习行为习惯：包括学习纪律和学习方式、方法等方面的要求，培养争取的学习态度，掌握争取的学习方法，提高学习效率。

教育故事

峰峰是一个精力充沛、十分好动的男孩子。他喜欢玩打仗、抓坏人等游戏；乐感很强，总爱跟着音乐摇摆、跺脚、拍手，广播、电视里的歌曲只听几遍就能学会，没事时爱哼唱；平时喜欢摆弄各种东西。

根据这些特点，我们可以初步判断，峰峰是听觉能力与运动能力相混合的学习者，要让其在学习过程中尽可能地有机会运用这两种能力。比如，要让他理解一个小故事，可以配上背景音乐，录制成音频故事，先让他听，再让其亲身表演，以此帮助他记住故事内容，了解故事中人物的特点、性格和感情。前面所提到的适用于听觉型学习者和运动型学习者的方法都可以用到峰峰的身上。

教育心得

日常生活中，我们一方面要提高学生的各种能力，另一方面要丰富学习策略，让学生在最符合自己的学习方式的环境中学习。当新的或难的知识能够激发他们强烈的主动学习积极性，他们在学习中明白如何发挥他们自己的能力时，他们才会获得最大的成功。所以，了解学生的个性特点，根据学生的特点，选择最适宜学生的学习方法，使学生形成一套自己独特的学习模式，才是帮助学生提高学习效果的科学途径。

课堂微记录

这节课，我们的活动主题是 _____

我们的结论是： _____

_____

学以致用

学生要进行课外古诗文的学习、理解与背诵，其中《木兰诗》一文，篇幅较长，对于小学生来说难度比较大，很多学生都无法准确背诵。陈老师既是语文教师，又是班主任，于是加大学生的背诵时间，可是效果仍不大。

思考：

1. 你能了解与剖析班上每一名学生主要属于哪种学习类型吗？

2. 如果你是这位班主任，会怎么做？

第八课　心理健康教育指导

问题导入

　　小学生对教师的崇拜不言而喻，对班主任更甚。班主任对学生的关爱无微不至，很多学生将班主任视为自己的榜样，当作自己的朋友和家长，从班主任身上学习处事的方式、优秀的品质、高尚的品格。随着我国课程改革的不断深入，对心理健康教育越来越重视，即使不少学校已经配备专职心理教师，小学生心理健康教育工作仍是班主任工作中的重要组成部分。

　　《中小学班主任工作规定》（教基一〔2009〕12号）指出，班主任是中小学日常思想道德教育和学生管理工作的主要实施者，是中小学生健康成长的引领者，班主任要努力成为中小学生的人生导师。小学班主任身兼教师、班级管理者、心理辅导教师、家长等多种角色，是小学生最信任的重要他人。利用这一特殊地位和身份，班主任可以更好地培养学生良好的心理素质。

> **问题：**
> 1. 在班级管理中，班主任为什么要对学生进行心理健康指导？
> 2. 作为非专职心理教师，班主任该怎样对学生进行心理健康指导？

知识导航

　　心理健康指导是根据学生的心理发展特点和规律，运用心理学的方法与手段，培养学生健全的人格和良好的心理素质。班主任要充分认识开展心理健康指导对学生健康成长的重要意义，除不断加强自身关于心理健康方面专业知识的学习，还要了解和掌握学生心理特点及常见的问题，深入分析学生的思想、心理、学习和生活状况。选择合适的方法对学生进行心理辅导，让学生健康成长。

1. 不同年龄段学生的心理特点及辅导内容

（1）小学低年级

小学阶段是个体自我概念逐渐形成的重要时期，低年级学生在自我意识的发展上比幼儿园时期明显。他们在入读小学后受到学业活动、人际交往及来自他人的评价，对自己有了新的认识，但仍不够准确，喜欢用"好"或"坏"两极评价自我。在观察品质方面，低年级学生水平较低，不能全面细致地感知细节，只能说出个别属性；他们开始有一定的道德标准，但多数是根据外在的表现进行评价；注意力很容易受环境的影响，容易分散注意；观察力水平较低，往往只注重事物的表面、明显的、无意义的特征；容易随具体事物、具体情景的变化而变化，表现出情感不稳定。在与同伴的交往中，他们容易因小事而导致友谊破裂，但对家长有深厚的感情和依恋感，对教师充满敬重和信赖。在意志力方面，低年级学生缺乏克服困难的毅力，面对困难容易表现出慌张、粗心、懦弱，屈服于困难，不愿努力。在生活方面，低年级学生还处于适应期，有自立意识，但是自理能力较差，对学习用品的整理、学习时间的安排、学习习惯的养成、完成作业的情况等仍需家长及教师的督促指导。

根据小学低年级学生心理特点，心理健康指导的内容主要是：帮助学生认识班级、学校、日常学习生活环境和基本规则；初步感受学习知识的乐趣，重点是学习习惯的培养与训练；培养学生礼貌友好的交往品质，乐于与他人交往，在谦让、友善的交往中感受友情；使学生有安全感和归属感，初步学会自我控制；帮助学生适应新环境、新集体和新的学习生活，树立纪律意识、时间意识和规则意识。

（2）小学中年级

三、四年级的学生处于向高年级过渡的时期，他们的自我意识逐渐增强，开始独立地对自己进行评价。在接受别人的评价中，发现自身的价值会产生兴奋感、自豪感，对自己充满信心。但是有时对自己评价过高，容易导致自负的心理；相反，有时对自己评价过低，容易失去信心。中年级学生由于生活经验不足，容易产生紧张情绪，而且容易激动、冲动，情绪变化极大。在学习方面，是形象思维向抽象思维发展的关键时期，也是培养有意想象的好时期。在观察品质方面，精确性明显提高。中年级学生的有意注意逐步发展，是培养学习兴趣和良好学习习惯的关键时期。教师可以教他们运用不同的方法识记知识，可以引导他们运用归纳、演绎、类比和对比进行推理。在意志力方面，中年级学生克服困难的毅力逐渐增强，能够积极地努力，克服学习中的困难，以实现自己的目标。在人际交往方面，随着知识经验的丰富、思维的发展以及自我意识水平的提高，学生的情感稳定性逐渐增强，对友谊的认识有了提高，择友的标准也发生了变化，以学习的好坏作为衡量能力的标志，并且不仅仅限于同性。中年级学生对集体的认同逐步提高，意识到学习不仅是个人的事情，而且是班集体的事。对教师的态度从低年级的依恋和尊敬逐渐发生变化，他们往往尊敬思想作风好、教学方法好、对学生有耐心、公平对待学生的教师。

根据以上特点，中年级学生心理健康指导的主要内容是：帮助学生了解自我，认识自我；初步培养学生的学习能力，激发学习兴趣和探究精神，树立自信，乐于学习；树立集体意识，善于与他人交往，培养自主参与各种活动的能力以及开朗、合群、自立的健康人格；引导学生在学习生活中感受解决困难的快乐，学会体验情绪并表达自己的情绪；帮助学生建立正确的角色意识，培养学生对不同社会角色的适应；增强时间管理意识，帮助学生正确处理学习与兴趣、娱乐之间的矛盾。

（3）小学高年级

小学高年级学生的自我意识处于迅速发展时期，是儿童期向青春期过渡的关键时期。在学习方面，高年级学生已出现抽象逻辑思维的萌芽。在观察品质方面，高年级学生的精确性比中年级学生要高，观察力水平有明显发展，观察的分辨力、判断力和系统化能力明显提高。在情感方面，高年级学生情感稳定性逐渐增强，逐渐会产生长时间影响整个行为的情感体系，如受到教师批评会影响好几天的情绪。在意志力方面，高年级学生的坚持性较低中年级学生要高，且更快速发展。在同伴交往方面，高年级学生出现小团体或班级领袖人物，团体意识增强，会出现制约成员行为的规范。同伴之间会有共同的兴趣，能够互相了解、互相透露个人秘密。在生活方面，独立意识逐渐形成，会自己安排各种活动，还喜欢买自己喜欢的东西和计划自己的课余生活。网络对他们有很大的吸引力，有些学生对网络游戏的诱惑不能控制，容易着迷，影响学习和生活，甚至出现心理障碍。

这一时期，高年级学生的心理健康指导的主要内容是：帮助学生正确认识自己的优缺点和兴趣爱好，在各种活动中悦纳自己；着力培养学生的学习兴趣和学习能力，端正学习动机，调整学习心态，正确对待成绩，体验学习成功的乐趣；开展初步的青春期教育，引导学生进行恰当的异性交往，建立和维持良好的异性同伴关系，扩大人际交往的范围；帮助学生克服学习困难，正确面对厌学等负面情绪，学会恰当、正确地体验情绪和表达情绪；积极促进学生的亲社会行为，逐步认识自己与社会、国家和世界的关系；培养学生分析问题和解决问题的能力，为初中阶段学习生活做好准备。

2. 心理辅导策略

（1）尊重接纳

不同年龄段学生的身心发展不同，心理特点也不相同。班主任要尊重学生的天性、成长规律和人格。认识到他们是独立的个体，充分挖掘学生身上的闪光点，宽容接纳他们的不完美。

（2）理解共情

学生的各种行为问题背后都有着复杂的心理成因。人本主义心理学家罗杰斯认为，共情是指体验别人内心世界的能力，能够深入对方内心，体验其情感和思维；把握对方的体验与经历和人格之间的联系，更好地理解问题；把自己的共情传达给对方，以影响对方并取得反馈。班主任应该拥有健康高尚的品格，本着尊重、真诚和平等的原则，理解学生、支持学生，深入学生的内心，体验其情感和思维，与学生建立良好的关系，更好地对学生进行心理健康辅导。

（3）指导提升

班主任对学生的成长和发展起着极为关键的作用。在日常的工作中，通过多种方式，如创设良好班集体氛围、开展有意义的活动、进行个别或团体心理辅导、利用学科教学渗透心理健康指导等方式方法，以帮助学生树立信心、正确认识自我、悦纳自我、学会调节情绪和缓解压力、正确对待友情亲情等，以促进学生的心理健康，提升他们的心理素质。

（4）家校共育

家长是学生的第一任教师，学生是家长的一面镜子。班主任有责任密切联系家长，把学生在成长过程中将会遇到的或者已经遇到的各种问题与家长反馈并给予指导。只有得到家长的理解、信任和支持，教育工作才能事半功倍，才能更有效地促使学生健康快乐地成长。

教育故事

午休期间，一位女同学向我举报，说小谊同学带了手机到学校。教育部不久前发文，禁止小学生带电子产品入课堂。按照学校的规定，学生将电子产品带入学校要交由学校统一管理。于是，我让小谊把手机交给我。可是，任凭我怎么好言劝说，她就是不肯把手机交给我，甚至还哭了起来。她的哭声已经严重影响到其他学生的休息。但是，我又不能因为她的哭泣而无视校规。

于是，我把她带到教室里一处安静的地方，了解到她带手机背后的原因。原来，父母离异后，她跟妈妈生活。可是妈妈经常要加班，那天为了能在放学时与外婆取得联系，外婆让她带阿姨的手机回校。如果我没收了她的手机，除了不能与外婆联系外，妈妈还需要再花钱买一部手机赔偿给阿姨。我站在她的角度，充分理解她的处境，告诉她在学校里如果需要与家长取得联系，可以有多种途径和方法，不需要把手机带到学校。同时告知她校规要共同遵守。在得知我只是暂时保管她的手机，并不是要没收后，她主动把手机交给我。后来就没有再听说她把手机带到学校了。

教育心得

心理健康教育并不是一蹴而就的，而是一个长期的、复杂的工作。我走进小谊的心里，聆听她之所以不愿意交出手机的原因，充分尊重和理解她。在得到她的信任后，再晓之以理，希望能够在共同遵守校规的同时又保护学生幼小的心灵。班主任要依据学生的心理发展特点，运用心理学的知识和心理辅导的方法影响学生、教育学生，为其营造一个安全、和谐、友爱、积极、幸福的氛围，让他们健康成长。

课堂微记录

这节课，我们的活动主题是＿＿＿＿＿＿＿＿＿＿＿＿＿＿＿＿＿＿＿＿

我们的结论是：＿＿＿＿＿＿＿＿＿＿＿＿＿＿＿＿＿＿＿＿＿＿＿＿＿

＿＿＿＿＿＿＿＿＿＿＿＿＿＿＿＿＿＿＿＿＿＿＿＿＿＿＿＿＿＿＿＿

学以致用

二年级的班主任正在对近段时间表现出色的学生进行表扬奖励。一名男同学因为严重影响了课堂纪律被取消了本该发给他的奖状。男同学当着全班学生大声说："我才不稀罕她的奖励呢！她都不管我的，以后我再也不听她的课！"实际上，这名男同学的自我控制以及情绪管理能力较差，班主任对他的关心和爱护比别的学生更多，关注度更高：十分关注他的学习状态，上课经常请他回答问题，一发现他的闪光点立即表扬，课余活动主动邀请他参加，鼓励学生与他交朋友……可是，他就是因为这样的事情而与班主任赌气。

思考：

1. 请你分析这名男同学行为背后的心理特点。

2. 如果你是班主任，应该怎么办？

参考文献

［1］李晓东.小学生心理学［M］.北京：人民教育出版社，2003.

［2］中华人民共和国教育部.中小学心理健康教育指导纲要（2012年修订）［S］.北京：北京师范大学出版社，2012.

第九课 班主任专业成长的自律策略

问题导入

某省一位小学教师曾经发表了一篇题为《一个错字伤了一颗心》的文章。文章摘选如下：

一位平时比较调皮的学生在作文里写道："我妈妈真辛苦，每天一大早就去**跳水**，白天还要干活。一个雨天，她又去**跳水**……"教师看完后想，这下有机会"教训"这个捣蛋鬼了。于是，她在班上把这段"精彩"之处公布于众，学生们乐得前仰后合，这名学生则面红耳赤，含泪低头默不作声。从此，他再也抬不起头，见了教师低头躲开，上课无精打采，成绩直线下降，不久便辍学了。

事情过去十多年了，这位教师一直自责自省："作为老师，这是最不可饶恕的错误。如果换一种方法，就不会伤害学生的心。真是后悔莫及！"

> **问题：**
>
> 1. 故事中的教师犯了什么错误？
>
> 2. 在班主任专业成长路上，如何实现自己的教育目标？

知识导航

在教育教学实践中，教师要注重自我学习、自我约束、自我调控、自我塑造，修炼"自律精神"，这是专业成长的重要标志。实现专业发展的自律策略，可以从以下几个方面着手。

1. 勇于解剖自我，在批评声中升华自己

勇于解剖自我是班主任提高专业素养的重要方法。人非圣贤，孰能无过？优秀的班主任不是不会出现教育失误，而是善于从一个个教育事件中吸取教训、总结经验，并把教育的失误转化为教育的财富，从而一次次进步。

2. 积极自我塑造，实现专业发展的飞跃

自主专业发展理论研究表明，班主任专业素养的提高，绝大部分是"自塑"的结果，是后天习得的。这是一种"内因"，明确自主发展目标和具有强烈的自主专业发展的愿望，并能为之不懈地奋斗，便能实现专业发展的飞跃。

首先，要根据专业化发展阶段论的力量，分析自己专业发展所处阶段（适应期、成熟期、骨干期、研究期）及其"最近发展区"（现阶段专业发展的现状与发展目标之间存在的差距），制定近期自主专业发展目标，提出目标期望，进行自我激励，这是一种内驱力。

其次，要学会自我调控，要不断克服教育实践中的各种不良行为习惯。所谓言传身教，班主任的各种教育行为习惯对学生来说即是一种身教。因此，教师要想办法调节好自己的情绪，提高自身修养。

最后，要学会积极的自我鼓励。真诚的期待和不懈的努力，总会结出预期的果实，教师这种真诚的暗示性期待（强化物）能成为学生发展的动力和方向。

3. 不断自主学习，更新知识结构

终身学习是《中小学教师职业道德规范》中根据教师的职业特点提出来的。班主任规划和实现自己的专业发展，必须建立在不断学习的基础上，以获得更丰富的专业知识和人文知识，形成横向文化知识广博，纵向专业知识深邃的"T"型知识结构。读书是班主任增长知识，使自己的思想更为深刻、见识更加高远的基础。一位有知识、有思想、有见地的班主任，在专业性的岗位上，才能得心应手、游刃有余，有效地完成任务。

除了向书本学习之外，还要向他人学习，积极参加各种班主任的专业培训活动，以此开阔眼界。另外，网络学习也是一种很好的学习途径，它不受时间和空间的限制，构建自己的网络学习方式（博客、微博、微信等），可以让自己的收获事半功倍。

4. 勤于实践，提升专业能力

著名班主任李镇西老师曾说过："我在班主任工作中，一直都在探索。""实践出真知。"教育就是实践之学。班主任要在工作实践中积累经验、增长才干。履行班主任的职责，完成教育教学任务，是班主任最基本的实践活动。班主任的各项专业能力包括基础能力（终身学习能力、了解研究学生能力、组织能力、话语运用能力）和核心能力（驾驭课堂能力、德育工作能力、教育科研能力）。每一项能力的培养都离不开实践。俗话说："十年磨一剑。"对于班主任来说，磨好一节班会课，磨好一个班级文化，磨好一篇育人的案例论文，磨好一个班集体等，才能形成自己带班育人的独特风格，走上具有个性的自主专业化发展之路。

5. 学会自我反思，生成教育智慧

班主任在履行职责的过程中会产生各种困惑，如果能抓住这些问题，将其转化为契机进行研究，并想方设法地解决，问题就能成为专业成长中宝贵的智慧。反思的内容可以是学生思想教育工作、班级管理问题、活动组织的理念、协调各种教育力量的能力、读书学习情况等。如果能把这个反思的过程用文字表述出来，就是一种实在的"案例研究"。这个"问题—反思—提出解决问题的新方法—再实践—观察记录实践效果—写成教育案例"的过程，也是班主任自主专业发展的过程。

总之，每位班主任都有自身的优势与不足，只有扬长避短，面对劣势不自卑、拥有优势不自傲，通过严格自律、努力拼搏，才能找到适合自己的专业化成长之路。

教育故事

每一位学生都是一块璞玉，需要细细雕琢才能闪闪发光。

我今天介绍的这块玉是一块可爱的顽石。说他是顽石，因为他经常惹是生非，隔三岔五地被同学和教师投诉；他又很可爱，上午被我批评完后，下午他会在我的桌上放一封纯手工的道歉信，让你哭笑不得。

　　怎么帮助这只不合群的"小蜗牛"呢？能否帮助他协调好与他人和集体的关系，将极大地影响到其以后的成长。二年级的学生天生活泼好动，对新鲜事情有着浓厚的兴趣，而且最喜欢听故事了。于是，在那段时间的班会课上，我有意识地让他们阅读绘本故事。《小鼠米克快乐成长绘本》《小不点交朋友》《小棕熊交朋友》……一本本生动有趣的绘本牢牢地吸引着他们，向他们讲述了如何用一颗友善的心获得纯真的友谊。活动过后，我及时组织他们进行讨论，那些动人的故事，鲜明的角色，一幕幕爱与被爱的画面充满着温馨，滋润着每一颗童心。

　　那天讲到"小不点"要邀请森林里的动物朋友参加生日派对时，他走到我身边神秘又自豪地告诉我，今天他生日，晚上爸妈要带他吃大餐！我灵机一动，这不也是一个很好的机会吗？于是，我对全班学生说："同学们，今天是×××的生日哦！过了今天，他又长大一岁，将变得更懂礼貌，更会和同学友好相处了！我们一起给他送一份什么礼物好呢？"学生们异口同声地说："给他唱首生日歌吧！"于是，在二（5）班的教室里响起了大家真诚的歌声："祝你生日快乐……"学生特别兴奋，唱起生日歌也很认真。他坐在座位上静静地听着，有点害羞，微微低着头，把玩着手指。一曲唱完，他居然不用教师提醒便自觉地站起来，主动地弯腰向学生说了一句："谢谢！"

　　第二天，他在日记上写着："我今天很开心！因为有42位同学给我唱了生日歌！特别是×××，前天他借了我的笔没有还我，我打了他一下。今天，他居然很大声地唱歌给我听，我真感动！"我及时在日记本上写上批语："继续跟同学们友好相处，你将会获得更多的友谊，加油吧！"

　　在这之后，我又适宜地引导他发现自己在生活上出现的小问题，并发动学生帮他一起慢慢改掉坏脾气。一旦发现他有了进步，我便在多个场合及时对他进行赞美和表扬。慢慢地，这只落后的"小蜗牛"开始追上大伙儿了，融入班集体。在最近的几次考试和活动中，他的表现还有闪光之处呢！

　　育人不易，且行且反思，且行且学习！

📚 教育心得

"一辈子做班主任，一辈子学做班主任。"这句话是全国教师楷模于漪老师一句朴实又感人的名言。选择当班主任，既要教好书，又要带好班。讲台虽小，我依旧秉承师爱，教书育人；教室不大，我仍然热爱学生，无悔青春。拥有，我承担着责任；奉献，我体验着喜悦；创造，我感悟着生命；育人，我享受着幸福！我相信，只要善存于心，爱在行动，学生会在关爱中健康成长！

📖 学以致用

陈老师毕业不久，来到一所小学担任语文教学工作，并担任一（1）班班主任。陈老师阅读了一些优秀班主任的专著，从中得出一个结论，管理一定要非常严格，工作一定要百分百投入。陈老师满怀激情投入每一天的教育教学工作中，班级管理非常严格，对学生要求很高，强调班级所有事务都要经过他的允许才能执行，要求班级在每次学校评比中都要拿年级第一。其他老师善意提醒他，要根据学生特点适当调整管理策略。但陈老师认为自己的风格就是要雷厉风行、令行禁止，依旧按照自己的想法带班。

> **思考：**
>
> 1. 你怎样评价陈老师的班主任工作？
>
> 2. 班主任专业发展中，需要注意及时反思自己的工作。你认为，陈老师在哪些方面可以适当地进行调整？

第十课 班主任工作常规文件

中华人民共和国教育法

第一章 总则

第一条 为了发展教育事业，提高全民族的素质，促进社会主义物质文明和精神文明建设，根据宪法，制定本法。

第二条 在中华人民共和国境内的各级各类教育，适用本法。

第三条 国家坚持以马克思列宁主义、毛泽东思想和建设有中国特色社会主义理论为指导，遵循宪法确定的基本原则，发展社会主义的教育事业。

第四条 教育是社会主义现代化建设的基础，国家保障教育事业优先发展。

全社会应当关心和支持教育事业的发展。

全社会应当尊重教师。

第五条 教育必须为社会主义现代化建设服务，为人民服务，必须与生产劳动和社会实践相结合，培养德、智、体、美等方面全面发展的社会主义事业的建设者和接班人。

第六条 教育应当坚持立德树人，对受教育者加强社会主义核心价值观教育，增强受教育者的社会责任感、创新精神和实践能力。国家在受教育者中进行爱国主义、集体主义、中国特色社会主义的教育，进行理想、道德、纪律、法制、国防和民族团结的教育。

第七条 教育应当继承和弘扬中华民族优秀的历史文化传统，吸收人类文明发展的一切优秀成果。

第八条 教育活动必须符合国家和社会公共利益。

国家实行教育与宗教相分离。任何组织和个人不得利用宗教进行妨碍国家教育制度的活动。

第九条 中华人民共和国公民有受教育的权利和义务。

公民不分民族、种族、性别、职业、财产状况、宗教信仰等，依法享有平等的受教育机会。

第十条 国家根据各少数民族的特点和需要，帮助各少数民族地区发展教育事业。

国家扶持边远贫困地区发展教育事业。

国家扶持和发展残疾人教育事业。

第十一条 国家适应社会主义市场经济发展和社会进步的需要，推进教育改革，促进各级各类教育协调发展，建立和完善终身教育体系。

国家支持、鼓励和组织教育科学研究，推广教育科学研究成果，促进教育质量提高。

第十二条 汉语言文字为学校及其他教育机构的基本教学语言文字。少数民族学生为主的学校及其他教育机构，可以使用本民族或者当地民族通用的语言文字进行教学。

学校及其他教育机构进行教学，应当推广使用全国通用的普通话和规范字。

第十三条 国家对发展教育事业做出突出贡献的组织和个人，给予奖励。

第十四条 国务院和地方各级人民政府根据分级管理、分工负责的原则，领导和管理教育工作。

中等及中等以下教育在国务院领导下，由地方人民政府管理。

高等教育由国务院和省、自治区、直辖市人民政府管理。

第十五条 国务院教育行政部门主管全国教育工作，统筹规划、协调管理全国的教育事业。

县级以上地方各级人民政府教育行政部门主管本行政区域内的教育工作。

县级以上各级人民政府其他有关部门在各自的职责范围内，负责有关

的教育工作。

第十六条 国务院和县级以上地方各级人民政府应当向本级人民代表大会或者其常务委员会报告教育工作和教育经费预算、决算情况，接受监督。

第二章 教育基本制度

第十七条 国家实行学前教育、初等教育、中等教育、高等教育的学校教育制度。

国家建立科学的学制系统。学制系统内的学校和其他教育机构的设置、教育形式、修业年限、招生对象、培养目标等，由国务院或者由国务院授权教育行政部门规定。

第十八条 国家实行九年制义务教育制度。

各级人民政府采取各种措施保障适龄儿童、少年就学。

适龄儿童、少年的父母或者其他监护人以及有关社会组织和个人有义务使适龄儿童、少年接受并完成规定年限的义务教育。

第十九条 国家实行职业教育制度和成人教育制度。

各级人民政府、有关行政部门以及企业事业组织应当采取措施，发展并保障公民接受职业学校教育或者各种形式的职业培训。

国家鼓励发展多种形式的成人教育，使公民接受适当形式的政治、经济、文化、科学、技术、业务教育和终身教育。

第二十条 国家实行国家教育考试制度。

国家教育考试由国务院教育行政部门确定种类，并由国家批准的实施教育考试的机构承办。

第二十一条 国家实行学业证书制度。

经国家批准设立或者认可的学校及其他教育机构按照国家有关规定，颁发学历证书或者其他学业证书。

第二十二条 国家实行学位制度。

学位授予单位依法对达到一定学术水平或者专业技术水平的人员授予相应的学位，颁发学位证书。

第二十三条 各级人民政府、基层群众性自治组织和企业事业组织应当采取各种措施，开展扫除文盲的教育工作。

按照国家规定具有接受扫除文盲教育能力的公民，应当接受扫除文盲的教育。

第二十四条　国家实行教育督导制度和学校及其他教育机构教育评估制度。

第三章　学校及其他教育机构

第二十五条　国家制定教育发展规划，并举办学校及其他教育机构。

国家鼓励企业事业组织、社会团体、其他社会组织及公民个人依法举办学校及其他教育机构。

任何组织和个人不得以营利为目的举办学校及其他教育机构。

第二十六条　设立学校及其他教育机构，必须具备下列基本条件：

（一）有组织机构和章程；

（二）有合格的教师；

（三）有符合规定标准的教学场所及设施、设备等；

（四）有必备的办学资金和稳定的经费来源。

第二十七条　学校及其他教育机构的设立、变更和终止，应当按照国家有关规定办理审核、批准、注册或者备案手续。

第二十八条　学校及其他教育机构行使下列权利：

（一）按照章程自主管理；

（二）组织实施教育教学活动；

（三）招收学生或者其他受教育者；

（四）对受教育者进行学籍管理，实施奖励或者处分；

（五）对受教育者颁发相应的学业证书；

（六）聘任教师及其他职工，实施奖励或者处分；

（七）管理、使用本单位的设施和经费；

（八）拒绝任何组织和个人对教育教学活动的非法干涉；

（九）法律、法规规定的其他权利。

国家保护学校及其他教育机构的合法权益不受侵犯。

第二十九条　学校及其他教育机构应当履行下列义务：

（一）遵守法律、法规；

（二）贯彻国家的教育方针，执行国家教育教学标准，保证教育教学质量；

（三）维护受教育者、教师及其他职工的合法权益；

（四）以适当方式为受教育者及其监护人了解受教育者的学业成绩及其他有关情况提供便利；

（五）遵照国家有关规定收取费用并公开收费项目；

（六）依法接受监督。

第三十条　学校及其他教育机构的举办者按照国家有关规定，确定其所举办的学校或者其他教育机构的管理体制。

学校及其他教育机构的校长或者主要行政负责人必须由具有中华人民共和国国籍、在中国境内定居、并具备国家规定任职条件的公民担任，其任免按照国家有关规定办理。学校的教学及其他行政管理，由校长负责。

学校及其他教育机构应当按照国家有关规定，通过以教师为主体的教职工代表大会等组织形式，保障教职工参与民主管理和监督。

第三十一条　学校及其他教育机构具备法人条件的，自批准设立或者登记注册之日起取得法人资格。

学校及其他教育机构在民事活动中依法享有民事权利，承担民事责任。

学校及其他教育机构中的国有资产属于国家所有。

学校及其他教育机构兴办的校办产业独立承担民事责任。

第四章　教师和其他教育工作者

第三十二条　教师享有法律规定的权利，履行法律规定的义务，忠诚于人民的教育事业。

第三十三条　国家保护教师的合法权益，改善教师的工作条件和生活条件，提高教师的社会地位。

教师的工资报酬、福利待遇，依照法律、法规的规定办理。

第三十四条　国家实行教师资格、职务、聘任制度，通过考核、奖励、培养和培训，提高教师素质，加强教师队伍建设。

第三十五条　学校及其他教育机构中的管理人员，实行教育职员制度。

学校及其他教育机构中的教学辅助人员和其他专业技术人员，实行专业技术职务聘任制度。

第五章　受教育者

第三十六条　受教育者在入学、升学、就业等方面依法享有平等权利。

学校和有关行政部门应当按照国家有关规定，保障女子在入学、升学、就业、授予学位、派出留学等方面享有同男子平等的权利。

第三十七条　国家、社会对符合入学条件、家庭经济困难的儿童、少年、青年，提供各种形式的资助。

第三十八条　国家、社会、学校及其他教育机构应当根据残疾人身心特性和需要实施教育，并为其提供帮助和便利。

第三十九条　国家、社会、家庭、学校及其他教育机构应当为有违法犯罪行为的未成年人接受教育创造条件。

第四十条　从业人员有依法接受职业培训和继续教育的权利和义务。

国家机关、企业事业组织和其他社会组织，应当为本单位职工的学习和培训提供条件和便利。

第四十一条　国家鼓励学校及其他教育机构、社会组织采取措施，为公民接受终身教育创造条件。

第四十二条　受教育者享有下列权利：

（一）参加教育教学计划安排的各种活动，使用教育教学设施、设备、图书资料；

（二）按照国家有关规定获得奖学金、贷学金、助学金；

（三）在学业成绩和品行上获得公正评价，完成规定的学业后获得相应的学业证书、学位证书；

（四）对学校给予的处分不服向有关部门提出申诉，对学校、教师侵犯其人身权、财产权等合法权益，提出申诉或者依法提起诉讼；

（五）法律、法规规定的其他权利。

第四十三条　受教育者应当履行下列义务：

（一）遵守法律、法规；

（二）遵守学生行为规范，尊敬师长，养成良好的思想品德和行为习惯；

（三）努力学习，完成规定的学习任务；

（四）遵守所在学校或者其他教育机构的管理制度。

第四十四条　教育、体育、卫生行政部门和学校及其他教育机构应当完善体育、卫生保健设施，保护学生的身心健康。

第六章　教育与社会

第四十五条　国家机关、军队、企业事业组织、社会团体及其他社会组织和个人，应当依法为儿童、少年、青年学生的身心健康成长创造良好的社会环境。

第四十六条　国家鼓励企业事业组织、社会团体及其他社会组织同高等学校、中等职业学校在教学、科研、技术开发和推广等方面进行多种形式的合作。

企业事业组织、社会团体及其他社会组织和个人，可以通过适当形式，支持学校的建设，参与学校管理。

第四十七条　国家机关、军队、企业事业组织及其他社会组织应当为学校组织的学生实习、社会实践活动提供帮助和便利。

第四十八条　学校及其他教育机构在不影响正常教育教学活动的前提下，应当积极参加当地的社会公益活动。

第四十九条　未成年人的父母或者其他监护人应当为其未成年子女或者其他被监护人受教育提供必要条件。

未成年人的父母或者其他监护人应当配合学校及其他教育机构，对其未成年子女或者其他被监护人进行教育。

学校、教师可以对学生家长提供家庭教育指导。

第五十条　图书馆、博物馆、科技馆、文化馆、美术馆、体育馆（场）等社会公共文化体育设施，以及历史文化古迹和革命纪念馆（地），应当对教师、学生实行优待，为受教育者接受教育提供便利。

广播、电视台（站）应当开设教育节目，促进受教育者思想品德、文化和科学技术素质的提高。

第五十一条　国家、社会建立和发展对未成年人进行校外教育的设施。

学校及其他教育机构应当同基层群众性自治组织、企业事业组织、社会团体相互配合，加强对未成年人的校外教育工作。

第五十二条　国家鼓励社会团体、社会文化机构及其他社会组织和个人开展有益于受教育者身心健康的社会文化教育活动。

第七章　教育投入与条件保障

第五十三条　国家建立以财政拨款为主、其他多种渠道筹措教育经费为辅的体制，逐步增加对教育的投入，保证国家举办的学校教育经费的稳定来源。

企业事业组织、社会团体及其他社会组织和个人依法举办的学校及其他教育机构，办学经费由举办者负责筹措，各级人民政府可以给予适当支持。

第五十四条　国家财政性教育经费支出占国民生产总值的比例应当随着国民经济的发展和财政收入的增长逐步提高。具体比例和实施步骤由国务院规定。

全国各级财政支出总额中教育经费所占比例应当随着国民经济的发展逐步提高。

第五十五条　各级人民政府的教育经费支出，按照事权和财权相统一的原则，在财政预算中单独列项。

各级人民政府教育财政拨款的增长应当高于财政经常性收入的增长，并使按在校学生人数平均的教育费用逐步增长，保证教师工资和学生人均公用经费逐步增长。

第五十六条　国务院及县级以上地方各级人民政府应当设立教育专项资金，重点扶持边远贫困地区、少数民族地区实施义务教育。

第五十七条　税务机关依法足额征收教育费附加，由教育行政部门统筹管理，主要用于实施义务教育。

省、自治区、直辖市人民政府根据国务院的有关规定，可以决定开征用于教育的地方附加费，专款专用。

农村乡统筹中的教育费附加，由乡人民政府组织收取，由县级人民政府教育行政部门代为管理或者由乡人民政府管理，用于本乡范围内乡、村两级教育事业。农村教育费附加在乡统筹中所占具体比例和具体管理办法，由省、自治区、直辖市人民政府规定。

第五十八条　国家采取优惠措施，鼓励和扶持学校在不影响正常教育教学的前提下开展勤工俭学和社会服务，兴办校办产业。

第五十九条　经县级人民政府批准，乡、民族乡、镇的人民政府根据自愿、量力的原则，可以在本行政区域内集资办学，用于实施义务教育学校的危房改造和修缮、新建校舍，不得挪作他用。

第六十条　国家鼓励境内、境外社会组织和个人捐资助学。

第六十一条　国家财政性教育经费、社会组织和个人对教育的捐赠，必须用于教育，不得挪用、克扣。

第六十二条　国家鼓励运用金融、信贷手段，支持教育事业的发展。

第六十三条　各级人民政府及其教育行政部门应当加强对学校及其他教育机构教育经费的监督管理，提高教育投资效益。

第六十四条　地方各级人民政府及其有关行政部门必须把学校的基本建设纳入城乡建设规划，统筹安排学校的基本建设用地及所需物资，按照国家有关规定实行优先、优惠政策。

第六十五条　各级人民政府对教科书及教学用图书资料的出版发行，对教学仪器、设备的生产和供应，对用于学校教育教学和科学研究的图书资料、教学仪器、设备的进口，按照国家有关规定实行优先、优惠政策。

第六十六条　县级以上人民政府应当发展卫星电视教育和其他现代化教学手段，有关行政部门应当优先安排，给予扶持。

国家鼓励学校及其他教育机构推广运用现代化教学手段。

第八章　教育对外交流与合作

第六十七条　国家鼓励开展教育对外交流与合作。

教育对外交流与合作坚持独立自主、平等互利、相互尊重的原则，不得违反中国法律，不得损害国家主权、安全和社会公共利益。

第六十八条 中国境内公民出国留学、研究、进行学术交流或者任教，依照国家有关规定办理。

第六十九条 中国境外个人符合国家规定的条件并办理有关手续后，可以进入中国境内学校及其他教育机构学习、研究、进行学术交流或者任教，其合法权益受国家保护。

第七十条 中国对境外教育机构颁发的学位证书、学历证书及其他学业证书的承认，依照中华人民共和国缔结或者加入的国际条约办理，或者按照国家有关规定办理。

第九章 法律责任

第七十一条 违反国家有关规定，不按照预算核拨教育经费的，由同级人民政府限期核拨；情节严重的，对直接负责的主管人员和其他直接责任人员，依法给予行政处分。

违反国家财政制度、财务制度，挪用、克扣教育经费的，由上级机关责令限期归还被挪用、克扣的经费，并对直接负责的主管人员和其他直接责任人员，依法给予行政处分；构成犯罪的，依法追究刑事责任。

第七十二条 结伙斗殴、寻衅滋事，扰乱学校及其他教育机构教育教学秩序或者破坏校舍、场地及其他财产的，由公安机关给予治安管理处罚；构成犯罪的，依法追究刑事责任。

侵占学校及其他教育机构的校舍、场地及其他财产的，依法承担民事责任。

第七十三条 明知校舍或者教育教学设施有危险，而不采取措施，造成人员伤亡或者重大财产损失的，对直接负责的主管人员和其他直接责任人员，依法追究刑事责任。

第七十四条 违反国家有关规定，向学校或者其他教育机构收取费用的，由政府责令退还所收费用；对直接负责的主管人员和其他直接责任人员，依法给予行政处分。

第七十五条　违反国家有关规定，举办学校或者其他教育机构的，由教育行政部门予以撤销；有违法所得的，没收违法所得；对直接负责的主管人员和其他直接责任人员，依法给予行政处分。

第七十六条　违反国家有关规定招收学员的，由教育行政部门责令退回招收的学员，退还所收费用；对直接负责的主管人员和其他直接责任人员，依法给予行政处分。

第七十七条　在招收学生工作中徇私舞弊的，由教育行政部门责令退回招收的人员；对直接负责的主管人员和其他直接责任人员，依法给予行政处分；构成犯罪的，依法追究刑事责任。

第七十八条　学校及其他教育机构违反国家有关规定向受教育者收取费用的，由教育行政部门责令退还所收费用；对直接负责的主管人员和其他直接责任人员，依法给予行政处分。

第七十九条　在国家教育考试中作弊的，由教育行政部门宣布考试无效，对直接负责的主管人员和其他直接责任人员，依法给予行政处分。

非法举办国家教育考试的，由教育行政部门宣布考试无效；有违法所得的，没收违法所得；对直接负责的主管人员和其他直接责任人员，依法给予行政处分。

第八十条　违反本法规定，颁发学位证书、学历证书或者其他学业证书的，由教育行政部门宣布证书无效，责令收回或者予以没收；有违法所得的，没收违法所得；情节严重的，取消其颁发证书的资格。

第八十一条　违反本法规定，侵犯教师、受教育者、学校或者其他教育机构的合法权益，造成损失、损害的，应当依法承担民事责任。

第十章　附则

第八十二条　军事学校教育由中央军事委员会根据本法的原则规定。

宗教学校教育由国务院另行规定。

第八十三条　境外的组织和个人在中国境内办学和合作办学的办法，由国务院规定。

第八十四条　本法自1995年9月1日起施行。

中华人民共和国教师法

第一章 总则

第一条 为了保障教师的合法权益，建设具有良好思想品德修养和业务素质的教师队伍，促进社会主义教育事业的发展，制定本法。

第二条 本法适用于在各级各类学校和其他教育机构中专门从事教育教学工作的教师。

第三条 教师是履行教育教学职责的专业人员，承担教书育人，培养社会主义事业建设者和接班人、提高民族素质的使命。教师应当忠诚于人民的教育事业。

第四条 各级人民政府应当采取措施，加强教师的思想政治教育和业务培训，改善教师的工作条件和生活条件，保障教师的合法权益，提高教师的社会地位。

全社会都应当尊重教师。

第五条 国务院教育行政部门主管全国的教师工作。

国务院有关部门在各自职权范围内负责有关的教师工作。

学校和其他教育机构根据国家规定，自主进行教师管理工作。

第六条 每年九月十日为教师节。

第二章 权利和义务

第七条 教师享有下列权利：

（一）进行教育教学活动，开展教育教学改革和实验；

（二）从事科学研究、学术交流，参加专业的学术团体，在学术活动中充分发表意见；

（三）指导学生的学习和发展，评定学生的品行和学业成绩；

（四）按时获取工资报酬，享受国家规定的福利待遇以及寒暑假期的带薪休假；

（五）对学校教育教学、管理工作和教育行政部门的工作提出意见和建议，通过教职工代表大会或者其他形式，参与学校的民主管理；

（六）参加进修或者其他方式的培训。

第八条　教师应当履行下列义务：

（一）遵守宪法、法律和职业道德，为人师表；

（二）贯彻国家的教育方针，遵守规章制度，执行学校的教学计划，履行教师聘约，完成教育教学工作任务；

（三）对学生进行宪法所确定的基本原则的教育和爱国主义、民族团结的教育，法制教育以及思想品德、文化、科学技术教育，组织、带领学生开展有益的社会活动；

（四）关心、爱护全体学生，尊重学生人格，促进学生在品德、智力、体质等方面全面发展；

（五）制止有害于学生的行为或者其他侵犯学生合法权益的行为，批评和抵制有害于学生健康成长的现象；

（六）不断提高思想政治觉悟和教育教学业务水平。

第九条　为保障教师完成教育教学任务，各级人民政府、教育行政部门、有关部门、学校和其他教育机构应当履行下列职责：

（一）提供符合国家安全标准的教育教学设施和设备；

（二）提供必需的图书、资料及其他教育教学用品；

（三）对教师在教育教学、科学研究中的创造性工作给以鼓励和帮助；

（四）支持教师制止有害于学生的行为或者其他侵犯学生合法权益的行为。

第三章　资格和任用

第十条　国家实行教师资格制度。

中国公民凡遵守宪法和法律，热爱教育事业，具有良好的思想品德，具备本法规定的学历或者经国家教师资格考试合格，有教育教学能力，经认定合格的，可以取得教师资格。

第十一条　取得教师资格应当具备的相应学历是：

（一）取得幼儿园教师资格，应当具备幼儿师范学校毕业及其以上学历；

（二）取得小学教师资格，应当具备中等师范学校毕业及其以上学历；

（三）取得初级中学教师，初级职业学校文化、专业课教师资格，应当具备高等师范专科学校或者其他大学专科毕业及其以上学历；

（四）取得高级中学教师资格和中等专业学校、技工学校、职业高中文化课、专业课教师资格，应当具备高等师范院校本科或者其他大学本科毕业及其以上学历；取得中等专业学校、技工学校和职业高中学生实习指导教师资格应当具备的学历，由国务院教育行政部门规定；

（五）取得高等学校教师资格，应当具备研究生或者大学本科毕业学历；

（六）取得成人教育教师资格，应当按照成人教育的层次、类别，分别具备高等、中等学校毕业及其以上学历。不具备本法规定的教师资格学历的公民，申请获取教师资格，必须通过国家教师资格考试。国家教师资格考试制度由国务院规定。

第十二条　本法实施前已经在学校或者其他教育机构中任教的教师，未具备本法规定学历的，由国务院教育行政部门规定教师资格过渡办法。

第十三条　中小学教师资格由县级以上地方人民政府教育行政部门认定。中等专业学校、技工学校的教师资格由县级以上地方人民政府教育行政部门组织有关主管部门认定。普通高等学校的教师资格由国务院或者省、自治区、直辖市教育行政部门或者由其委托的学校认定。具备本法规定的学历或者经国家教师资格考试合格的公民，要求有关部门认定其教师资格的，有关部门应当依照本法规定的条件予以认定。取得教师资格的人员首次任教时，应当有试用期。

第十四条　受到剥夺政治权利或者故意犯罪受到有期徒刑以上刑事处罚的，不能取得教师资格；已经取得教师资格的，丧失教师资格。

第十五条　各级师范学校毕业生，应当按照国家有关规定从事教育教学工作。国家鼓励非师范高等学校毕业生到中小学或者职业学校任教。

第十六条　国家实行教师职务制度，具体办法由国务院规定。

第十七条　学校和其他教育机构应当逐步实行教师聘任制。教师的聘任应当遵循双方地位平等的原则，由学校和教师签订聘任合同，明确规定双方的权利、义务和责任。实施教师聘任制的步骤、办法由国务院教育行政部门规定。

第四章　培养和培训

第十八条　各级人民政府和有关部门应当办好师范教育，并采取措施，鼓励优秀青年进入各级师范学校学习。各级教师进修学校承担培训中小学教师的任务。非师范学校应当承担培养和培训中小学教师的任务。各级师范学校学生享受专业奖学金。

第十九条　各级人民政府教育行政部门、学校主管部门和学校应当制定教师培训规划，对教师进行多种形式的思想政治、业务培训。

第二十条　国家机关、企业事业单位和其他社会组织应当为教师的社会调查和社会实践提供方便，给予协助。

第二十一条　各级人民政府应当采取措施，为少数民族地区和边远贫困地区培养、培训教师。

第五章　考核

第二十二条　学校或者其他教育机构应当对教师的政治思想、业务水平、工作态度和工作成绩进行考核。教育行政部门对教师的考核工作进行指导、监督。

第二十三条　考核应当客观、公正、准确，充分听取教师本人、其他教师以及学生的意见。

第二十四条　教师考核结果是受聘任教、晋升工资、实施奖惩的依据。

第六章　待遇

第二十五条　教师的平均工资水平应当不低于或者高于国家公务员的平均工资水平，并逐步提高。建立正常晋级增薪制度，具体办法由国务院规定。

第二十六条　中小学教师和职业学校教师享受教龄津贴和其他津贴，具体办法由国务院教育行政部门会同有关部门制定。

第二十七条　地方各级人民政府对教师以及具有中专以上学历的毕业生到少数民族地区和边远贫困地区从事教育教学工作的，应当予以补贴。

第二十八条　地方各级人民政府和国务院有关部门，对城市教师住房的建设、租赁、出售实行优先、优惠。县、乡两级人民政府应当为农村中小学教师解决住房提供方便。

第二十九条　教师的医疗同当地国家公务员享受同等的待遇；定期对教师进行身体健康检查，并因地制宜安排教师进行休养。医疗机构应当对当地教师的医疗提供方便。

第三十条　教师退休或者退职后，享受国家规定的退休或者退职待遇。

县级以上地方人民政府可以适当提高长期从事教育教学工作的中小学退休教师的退休金比例。

第三十一条　各级人民政府应当采取措施，改善国家补助、集体支付工资的中小学教师的待遇，逐步做到在工资收入上与国家支付工资的教师同工同酬，具体办法由地方各级人民政府根据本地区的实际情况规定。

第三十二条　社会力量所办学校的教师的待遇，由举办者自行确定并予以保障。

第七章　奖励

第三十三条　教师在教育教学、培养人才、科学研究、教学改革、学校建设、社会服务、勤工俭学等方面成绩优异的，由所在学校予以表彰、奖励。国务院和地方各级人民政府及其有关部门对有突出贡献的教师，应当予以表彰、奖励。对有重大贡献的教师，依照国家有关规定授予荣誉称号。

第三十四条　国家支持和鼓励社会组织或者个人向依法成立的奖励教师的基金组织捐助资金，对教师进行奖励。

第八章　法律责任

第三十五条　侮辱、殴打教师的，根据不同情况，分别给予行政处分或者行政处罚；造成损害的，责令赔偿损失；情节严重，构成犯罪的，依法追究刑事责任。

第三十六条　对依法提出申诉、控告、检举的教师进行打击报复的，由其所在单位或者上级机关责令改正；情节严重的，可以根据具体情况给予行政处分。

国家工作人员对教师打击报复构成犯罪的，依照刑法第一百四十六条的规定追究刑事责任。

第三十七条　教师有下列情形之一的，由所在学校、其他教育机构或者教育行政部门给予行政处分或者解聘：

（一）故意不完成教育教学任务给教育教学工作造成损失的；

（二）体罚学生，经教育不改的；

（三）品行不良、侮辱学生，影响恶劣的。

教师有前款第（二）项、第（三）项所列情形之一，情节严重，构成犯罪的，依法追究刑事责任。

第三十八条　地方人民政府对违反本法规定，拖欠教师工资或者侵犯教师其他合法权益的，应当责令其限期改正。违反国家财政制度、财务制度，挪用国家财政用于教育的经费，严重妨碍教育教学工作，拖欠教师工资，损害教师合法权益的，由上级机关责令限期归还被挪用的经费，并对直接责任人员给予行政处分；情节严重，构成犯罪的，依法追究刑事责任。

第三十九条　教师对学校或者其他教育机构侵犯其合法权益的，或者对学校或者其他教育机构作出的处理不服的，可以向教育行政部门提出申诉，教育行政部门应当在接到申诉的三十日内作出处理。教师认为当地人民政府有关行政部门侵犯其根据本法规定享有的权利的，可以向同级人民政府或者上一级人民政府有关部门提出申诉，同级人民政府或者上一级人民政府有关部门应当做出处理。

第九章　附则

第四十条　本法下列用语的含义是：

（一）各级各类学校，是指实施学前教育、普通初等教育、普通中等教育、职业教育、普通高等教育以及特殊教育、成人教育的学校。

（二）其他教育机构，是指少年宫以及地方教研室、电化教育机构等。

（三）中小学教师，是指幼儿园、特殊教育机构、普通中小学、成人初等中等教育机构、职业中学以及其他教育机构的教师。

第四十一条　学校和其他教育机构中的教育教学辅助人员，其他类型的学校的教师和教育教学辅助人员，可以根据实际情况参照本法的有关规定执行。军队所属院校的教师和教育教学辅助人员，由中央军事委员会依照本法制定有关规定。

第四十二条　外籍教师的聘任办法由国务院教育行政部门规定。

第四十三条　本法自1994年1月1日起施行。

中小学教师职业道德规范

（2008年修订）

一、爱国守法

热爱祖国，热爱人民，拥护中国共产党领导，拥护社会主义。全面贯彻国家教育方针，自觉遵守教育法律法规，依法履行教师职责权利。不得有违背党和国家方针政策的言行。

二、爱岗敬业

忠诚于人民教育事业，志存高远，勤恳敬业，甘为人梯，乐于奉献。对工作高度负责，认真备课上课，认真批改作业，认真辅导学生。不得敷衍塞责。

三、关爱学生

关心爱护全体学生，尊重学生人格，平等公正对待学生。对学生严慈相济，做学生良师益友。保护学生安全，关心学生健康，维护学生权益。不讽刺、挖苦、歧视学生，不体罚或变相体罚学生。

四、教书育人

遵循教育规律，实施素质教育。循循善诱，诲人不倦，因材施教。培养学生良好品行，激发学生创新精神，促进学生全面发展。不以分数作为评价学生的唯一标准。

五、为人师表

坚守高尚情操，知荣明耻，严于律己，以身作则。衣着得体，语言规范，举止文明。关心集体，团结协作，尊重同事，尊重家长。作风正派，廉洁奉公。自觉抵制有偿家教，不利用职务之便谋取私利。

六、终身学习

崇尚科学精神，树立终身学习理念，拓宽知识视野，更新知识结构。潜心钻研业务，勇于探索创新，不断提高专业素养和教育教学水平。

中小学德育工作指南

为深入贯彻落实立德树人根本任务，加强对中小学德育工作的指导，切实将党和国家关于中小学德育工作的要求落细落小落实，着力构建方向正确、内容完善、学段衔接、载体丰富、常态开展的德育工作体系，大力促进德育工作专业化、规范化、实效化，努力形成全员育人、全程育人、全方位育人的德育工作格局，特制定本指南。

一、指导思想

全面贯彻党的十八大和十八届三中、四中、五中、六中全会精神，深入贯彻习近平总书记系列重要讲话精神和治国理政新理念、新思想、新战略，始终坚持育人为本、德育为先，大力培育和践行社会主义核心价值观，以培养学生良好思想品德和健全人格为根本，以促进学生形成良好行为习惯为重点，以落实《中小学生守则（2015年修订）》为抓手，坚持教育与生产劳动、社会实践相结合，坚持学校教育与家庭教育、社会教育相结合，不断完善中小学德育工作长效机制，全面提高中小学德育工作水平，为中国特色社会主义事业培养合格建设者和可靠接班人。

二、基本原则

1. 坚持正确方向

加强党对中小学校的领导，全面贯彻党的教育方针，坚持社会主义办学方向，牢牢把握中小学思想政治和德育工作主导权，保证中小学校成为坚持党的领导的坚强阵地。

2. 坚持遵循规律

符合中小学生年龄特点、认知规律和教育规律，注重学段衔接和知行统一，强化道德实践、情感培育和行为习惯养成，努力增强德育工作的吸引力、感染力和针对性、实效性。

3. 坚持协同配合

发挥学校主导作用，引导家庭、社会增强育人责任意识，提高对学生道德发展、成长成人的重视程度和参与度，形成学校、家庭、社会协调一致的育人合力。

4. 坚持常态开展

推进德育工作制度化常态化，创新途径和载体，将中小学德育工作要求贯穿融入学校各项日常工作中，努力形成一以贯之、久久为功的德育工作长效机制。

三、德育目标

1. 总体目标

培养学生爱党爱国爱人民，增强国家意识和社会责任意识，教育学生理解、认同和拥护国家政治制度，了解中华优秀传统文化和革命文化、社会主义先进文化，增强中国特色社会主义道路自信、理论自信、制度自信、文化自信，引导学生准确理解和把握社会主义核心价值观的深刻内涵和实践要求，养成良好政治素质、道德品质、法治意识和行为习惯，形成积极健康的人格和良好心理品质，促进学生核心素养提升和全面发展，为学生一生成长奠定坚实的思想基础。

2. 学段目标

小学低年级：

教育和引导学生热爱中国共产党、热爱祖国、热爱人民，爱亲敬长、爱集体、爱家乡，初步了解生活中的自然、社会常识和有关祖国的知识，保护环境，爱惜资源，养成基本的文明行为习惯，形成自信向上、诚实勇敢、有责任心等良好品质。

小学中高年级：

教育和引导学生热爱中国共产党、热爱祖国、热爱人民，了解家乡发展变化和国家历史常识，了解中华优秀传统文化和党的光荣革命传统，理解日常生活的道德规范和文明礼貌，初步形成规则意识和民主法治观念，养成良好生活和行为习惯，具备保护生态环境的意识，形成诚实守信、友爱宽容、自尊自律、乐观向上等良好品质。

初中学段：

教育和引导学生热爱中国共产党、热爱祖国、热爱人民，认同中华文化，继承革命传统，弘扬民族精神，理解基本的社会规范和道德规范，树立规则意识、法治观念，培养公民意识，掌握促进身心健康发展的途径和方法，养成热爱劳动、自主自立、意志坚强的生活态度，形成尊重他人、乐于助人、善于合作、勇于创新等良好品质。

高中学段：

教育和引导学生热爱中国共产党、热爱祖国、热爱人民，拥护中国特色社会主义道路，弘扬民族精神，增强民族自尊心、自信心和自豪感，增强公民意识、社会责任感和民主法治观念，学习运用马克思主义基本观点和方法观察问题、分析问题和解决问题，学会正确选择人生发展道路的相关知识，具备自主、自立、自强的态度和能力，初步形成正确的世界观、人生观和价值观。

四、德育内容

1. 理想信念教育

开展马列主义、毛泽东思想学习教育，加强中国特色社会主义理论体系学习教育，引导学生深入学习习近平总书记系列重要讲话精神，领会党中央治国理政新理念、新思想、新战略。加强中国历史特别是近现代史教育、革命文化教育、中国特色社会主义宣传教育、中国梦主题宣传教育、时事政策教育，引导学生深入了解中国革命史、中国共产党史、改革开放史和社会主义发展史，继承革命传统，传承红色基因，深刻领会实现中华民族伟大复兴是中华民族近代以来最伟大的梦想，培养学生对党的政治认同、情感认同、价值认同，不断树立为共产主义远大理想和中国特色社会主义共同理想而奋斗的信念和信心。

2. 社会主义核心价值观教育

把社会主义核心价值观融入国民教育全过程，落实到中小学教育教学和管理服务各环节，深入开展爱国主义教育、国情教育、国家安全教育、民族团结教育、法治教育、诚信教育、文明礼仪教育等，引导学生牢牢把握富强、民主、文明、和谐作为国家层面的价值目标，深刻理解自由、平等、公正、法治作为社会层面的价值取向，自觉遵守爱国、敬业、诚信、友善作为公民层面的价值准则，将社会主义核心价值观内化于心、外化于行。

3. 中华优秀传统文化教育

开展家国情怀教育、社会关爱教育和人格修养教育，传承发展中华优秀传统文化，大力弘扬核心思想理念、中华传统美德、中华人文精神，引导学生了解中华优秀传统文化的历史渊源、发展脉络、精神内涵，增强文化自觉和文化自信。

4. 生态文明教育

加强节约教育和环境保护教育，开展大气、土地、水、粮食等资源的基本国情教育，帮助学生了解祖国的大好河山和地理地貌，开展节粮节水节电教育活动，推动实行垃圾分类，倡导绿色消费，引导学生树立尊重自然、顺应自然、保护自然的发展理念，养成勤俭节约、低碳环保、自觉劳动的生活习惯，形成健康文明的生活方式。

5. 心理健康教育

开展认识自我、尊重生命、学会学习、人际交往、情绪调适、升学择业、人生规划以及适应社会生活等方面教育，引导学生增强调控心理、自主自助、应对挫折、适应环境的能力，培养学生健全的人格、积极的心态和良好的个性心理品质。

五、实施途径和要求

1. 课程育人

充分发挥课堂教学的主渠道作用，将中小学德育内容细化落实到各学科课程的教学目标之中，融入渗透到教育教学全过程。

严格落实德育课程。按照义务教育、普通高中课程方案和标准，上好道德与法治、思想政治课，落实课时，不得减少课时或挪作他用。

要围绕课程目标联系学生生活实际，挖掘课程思想内涵，充分利用时政媒体资源，精心设计教学内容，优化教学方法，发展学生道德认知，注重学生的情感体验和道德实践。

发挥其他课程德育功能。要根据不同年级和不同课程特点，充分挖掘各门课程蕴含的德育资源，将德育内容有机融入各门课程教学中。

语文、历史、地理等课要利用课程中语言文字、传统文化、历史地理常识等丰富的思想道德教育因素，潜移默化地对学生进行世界观、人生观和价值观的引导。

数学、科学、物理、化学、生物等课要加强对学生科学精神、科学方法、科学态度、科学探究能力和逻辑思维能力的培养，促进学生树立勇于创新、求真求实的思想品质。

音乐、体育、美术、艺术等课要加强对学生审美情趣、健康体魄、意志品质、人文素养和生活方式的培养。

外语课要加强对学生国际视野、国际理解和综合人文素养的培养。

综合实践活动课要加强对学生生活技能、劳动习惯、动手实践和合作交流能力的培养。

用好地方和学校课程。要结合地方自然地理特点、民族特色、传统文化以及重大历史事件、历史名人等，因地制宜开发地方和学校德育课程，引导学生了解家乡的历史文化、自然环境、人口状况和发展成就，培养学生爱家乡、爱祖国的感情，树立维护祖国统一、加强民族团结的意识。

统筹安排地方和学校课程，开展法治教育、廉洁教育、反邪教教育、文明礼仪教育、环境教育、心理健康教育、劳动教育、毒品预防教育、影视教育等专题教育。

2. 文化育人

要依据学校办学理念，结合文明校园创建活动，因地制宜开展校园文化建设，使校园秩序良好、环境优美，校园文化积极向上、格调高雅，提高校园文明水平，让校园处处成为育人场所。

优化校园环境。学校校园建筑、设施、布置、景色要安全健康、温馨舒适，使校园内一草一木、一砖一石都体现教育的引导和熏陶。

学校要有升国旗的旗台和旗杆。建好共青团、少先队活动室。积极建设校史陈列室、图书馆（室）、广播室、学校标志性景观。

学校、教室要在明显位置张贴社会主义核心价值观24字、《中小学生守则（2015年修订）》。教室正前上方有国旗标识。

要充分利用板报、橱窗、走廊、墙壁、地面等进行文化建设，可悬挂革命领袖、科学家、英雄模范等杰出人物的画像和格言，展示学生自己创作的作品或进行主题创作。

营造文化氛围。凝练学校办学理念，加强校风教风学风建设，形成引导全校师生共同进步的精神力量。

鼓励设计符合教育规律、体现学校特点和办学理念的校徽、校训、校规、校歌、校旗等并进行教育展示。

创建校报、校刊进行宣传教育。可设计体现学校文化特色的校服。

建设班级文化，鼓励学生自主设计班名、班训、班歌、班徽、班级口号等，增强班级凝聚力。

推进书香班级、书香校园建设，向学生推荐阅读书目，调动学生阅读积极性。提倡小学生每天课外阅读至少半小时、中学生每天课外阅读至少1小时。

建设网络文化。积极建设校园绿色网络，开发网络德育资源，搭建校园网站、论坛、信箱、博客、微信群、QQ群等网上宣传交流平台，通过网络开展主题班（队）会、冬（夏）令营、家校互动等活动，引导学生合理使用网络，避免沉溺网络游戏，远离有害信息，防止网络沉迷和伤害，提升网络素养，打造清朗的校园网络文化。

3. 活动育人

要精心设计、组织开展主题明确、内容丰富、形式多样、吸引力强的教育活动，以鲜明正确的价值导向引导学生，以积极向上的力量激励学生，促进学生形成良好的思想品德和行为习惯。

开展节日纪念日活动。利用春节、元宵、清明、端午、中秋、重阳等中华传统节日以及二十四节气，开展介绍节日历史渊源、精神内涵、文化习俗等校园文化活动，增强传统节日的体验感和文化感。

利用植树节、劳动节、青年节、儿童节、教师节、国庆节等重大节庆日集中开展爱党爱国、民族团结、热爱劳动、尊师重教、爱护环境等主题教育活动。

利用学雷锋纪念日、中国共产党建党纪念日、中国人民解放军建军纪念日、七七抗战纪念日、九三抗战胜利纪念日、九一八纪念日、烈士纪念日、国家公祭日等重要纪念日，以及地球日、环境日、健康日、国家安全教育日、禁毒日、航天日、航海日等主题日，设计开展相关主题教育活动。

开展仪式教育活动。仪式教育活动要体现庄严神圣，发挥思想政治引领和道德价值引领作用，创新方式方法，与学校特色和学生个性展示相结合。

严格中小学升挂国旗制度。除寒暑假和双休日外，应当每日升挂国旗。除假期外，每周一及重大节会活动要举行升旗仪式，奏唱国歌，开展向国旗敬礼、国旗下宣誓、国旗下讲话等活动。

入团、入队要举行仪式活动。

举办入学仪式、毕业仪式、成人仪式等有特殊意义的仪式活动。

开展校园节（会）活动。举办丰富多彩、寓教于乐的校园节（会）活动，培养学生兴趣爱好，充实学生校园生活，磨炼学生意志品质，促进学生身心健康发展。

学校每学年至少举办一次科技节、艺术节、运动会、读书会。可结合学校办学特色和学生实际，自主开发校园节（会）活动，做好活动方案和应急预案。

开展团、队活动。加强学校团委对学生会组织、学生社团的指导管理。明确中学团委对初中少先队工作的领导职责，健全初中团队衔接机制。确保少先队活动时间，小学一年级至初中二年级每周安排1课时。

发挥学生会作用，完善学生社团工作管理制度，建立体育、艺术、科普、环保、志愿服务等各类学生社团。学校要创造条件为学生社团提供经费、场地、活动时间等方面保障。

要结合各学科课程教学内容及办学特色，充分利用课后时间组织学生开展丰富多彩的科技、文娱、体育等社团活动，创新学生课后服务途径。

4. 实践育人

要与综合实践活动课紧密结合，广泛开展社会实践，每学年至少安排一周时间，开展有益于学生身心发展的实践活动，不断增强学生的社会责任感、创新精神和实践能力。

开展各类主题实践。利用爱国主义教育基地、公益性文化设施、公共机构、企事业单位、各类校外活动场所、专题教育社会实践基地等资源，开展不同主题的实践活动。

利用历史博物馆、文物展览馆、物质和非物质文化遗产地等开展中华优秀传统文化教育。

利用革命纪念地、烈士陵园（墓）等开展革命传统教育。

利用法院、检察院、公安机关等开展法治教育。

利用展览馆、美术馆、音乐厅等开展文化艺术教育。

利用科技类馆室、科研机构、高新技术企业设施等开展科普教育。

利用军事博物馆、国防设施等开展国防教育。

利用环境保护和节约能源展览馆、污水处理企业等开展环境保护教育。

利用交警队、消防队、地震台等开展安全教育。

利用养老院、儿童福利机构、残疾人康复机构等社区机构等开展关爱老人、孤儿、残疾人教育。

利用体育科研院所、心理服务机构、儿童保健机构等开展健康教育。

加强劳动实践。在学校日常运行中渗透劳动教育，积极组织学生参与校园卫生保洁、绿化美化，普及校园种植。

将校外劳动纳入学校的教育教学计划，小学、初中、高中每个学段都要安排一定时间的农业生产、工业体验、商业和服务业实习等劳动实践。

教育引导学生参与洗衣服、倒垃圾、做饭、洗碗、拖地、整理房间等力所能及的家务劳动。

组织研学旅行。把研学旅行纳入学校教育教学计划，促进研学旅行与学校课程、德育体验、实践锻炼有机融合，利用好研学实践基地，有针对性地开展自然类、历史类、地理类、科技类、人文类、体验类等多种类型的研学旅行活动。

要考虑小学、初中、高中不同学段学生的身心发展特点和能力，安排适合学生年龄特征的研学旅行。

要规范研学旅行组织管理，制定研学旅行工作规程，做到"活动有方案，行前有备案，应急有预案"，明确学校、家长、学生的责任和权利。

开展学雷锋志愿服务。要广泛开展与学生年龄、智力相适应的志愿服务活动。

发挥本校团组织、少先队组织的作用，抓好学生志愿服务的具体组织、实施、考核评估等工作。

做好学生志愿服务认定记录，建立学生志愿服务记录档案，加强学生志愿服务先进典型宣传。

5. 管理育人

要积极推进学校治理现代化，提高学校管理水平，将中小学德育工作的要求贯穿于学校管理制度的每一个细节之中。

完善管理制度。制定校规校纪，健全学校管理制度，规范学校治理行为，形成全体师生广泛认同和自觉遵守的制度规范。

制定班级民主管理制度，形成学生自我教育、民主管理的班级管理模式。

制定防治学生欺凌和暴力工作制度，健全应急处置预案，建立早期预警、事中处理及事后干预等机制。

会同相关部门建立学校周边综合治理机制，对社会上损害学生身心健康的不法行为依法严肃惩处。

明确岗位责任。建立实现全员育人的具体制度，明确学校各个岗位教职员工的育人责任，规范教职工言行，提高全员育人的自觉性。

班主任要全面了解学生，加强班集体管理，强化集体教育，建设良好班风，通过多种形式加强与学生家长的沟通联系。各学科教师要主动配合班主任，共同做好班级德育工作。

加强师德师风建设。培育、宣传师德标兵、教学骨干和优秀班主任、德育工作者等先进典型，引导教师争做"四有"好教师。

实行师德"一票否决制"，把师德表现作为教师资格注册、年度考核、职务（职称）评审、岗位聘用、评优奖励的首要标准。

细化学生行为规范。落实《中小学生守则（2015年修订）》，鼓励结合实际制定小学生日常行为规范、中学生日常行为规范，教育引导学生熟知学习生活中的基本行为规范，践行每一项要求。

关爱特殊群体。要加强对经济困难家庭子女、单亲家庭子女、学习困难学生、进城务工人员随迁子女、农村留守儿童等群体的教育关爱，完善学校联系关爱机制，及时关注其心理健康状况，积极开展心理辅导，提供情感关怀，引导学生心理、人格积极健康发展。

6. 协同育人

要积极争取家庭、社会共同参与和支持学校德育工作，引导家长注重家庭、注重家教、注重家风，营造积极向上的良好社会氛围。

加强家庭教育指导。要建立健全家庭教育工作机制，统筹家长委员会、家长学校、家长会、家访、家长开放日、家长接待日等各种家校沟通渠道，丰富学校指导服务内容，及时了解、沟通和反馈学生思想状况和行为表现，认真听取家长对学校的意见和建议，促进家长了解学校办学理念、教育教学改进措施，帮助家长提高家教水平。

构建社会共育机制。要主动联系本地宣传、综治、公安、司法、民政、文化、共青团、妇联、关工委、卫健委等部门、组织，注重发挥党政机关和企事业单位领导干部、专家学者以及老干部、老战士、老专家、老教师、老模范的作用，建立多方联动机制，搭建社会育人平台，实现社会资源共享共建，净化学生成长环境，助力广大中小学生健康成长。

六、组织实施

加强组织领导。各级教育行政部门要把中小学德育工作作为教育系统党的建设的重要内容，摆上重要议事日程，加强指导和管理。学校要建立党组织主导、校长负责、群团组织参与、家庭社会联动的德育工作机制。学校党组织要充分发挥政治核心作用，切实加强对学校德育工作的领导，把握正确方向，推动解决重要问题。校长要亲自抓德育工作，规划、部署、推动学校德育工作落到实处。学校要完善党建带团建机制，加强共青团、少先队建设，在学校德育工作中发挥共青团、少先队的思想性、先进性、自主性、实践性优势。

加强条件保障。各级教育行政部门和学校要进一步改善学校办学条件，将德育工作经费纳入经费年度预算，完善优化教育手段，提供德育工作必需的场所、设施，订阅必备的参考书、报纸杂志，配齐相应的教学仪器设备等。

加强队伍建设。各级教育行政部门和学校要重视德育队伍人员培养选拔，优化德育队伍结构，建立激励和保障机制，调动工作积极性和创造性。要有计划地培训学校党组织书记、校长、德育干部、班主任、各科教师和少先队辅导员、中学团干部，组织他们学习党的教育方针、德育理论，提高德育工作专业化水平。

加强督导评价。各级教育行政部门要将学校德育工作开展情况纳入对学校督导的重要内容，建立区域、学校德育工作评价体系，适时开展专项督导评估工作。学校要认真开展学生的品德评价，纳入综合素质评价体系，建立学生综合素质档案，做好学生成长记录，反映学生成长实际状况。

加强科学研究。各级教育行政部门、教育科研机构和学校要组织力量开展中小学德育工作研究，探索新时期德育工作特点和规律，创新德育工作的途径和方法，定期总结交流研究成果，学习借鉴先进经验和做法，增强德育工作的科学性、系统性和实效性。

中小学班主任工作规定

第一章　总则

第一条　为进一步推进未成年人思想道德建设，加强中小学班主任工作，充分发挥班主任在教育学生中的重要作用，制定本规定。

第二条　班主任是中小学日常思想道德教育和学生管理工作的主要实施者，是中小学生健康成长的引领者，班主任要努力成为中小学生的人生导师。

班主任是中小学的重要岗位，从事班主任工作是中小学教师的重要职责。教师担任班主任期间应将班主任工作作为主业。

第三条　加强班主任队伍建设是坚持育人为本、德育为先的重要体现。政府有关部门和学校应为班主任开展工作创造有利条件，保障其享有的待遇与权利。

第二章　配备与选聘

第四条　中小学每个班级应当配备一名班主任。

第五条　班主任由学校从班级任课教师中选聘。聘期由学校确定，担任一个班级的班主任时间一般应连续1学年以上。

第六条　教师初次担任班主任应接受岗前培训，符合选聘条件后学校方可聘用。

第七条　选聘班主任应当在教师任职条件的基础上突出考察以下条件：

（一）作风正派，心理健康，为人师表；

（二）热爱学生，善于与学生、学生家长及其他任课教师沟通；

（三）爱岗敬业，具有较强的教育引导和组织管理能力。

第三章 职责与任务

第八条 全面了解班级内每一名学生，深入分析学生思想、心理、学习、生活状况。关心爱护全体学生，平等对待每一名学生，尊重学生人格。采取多种方式与学生沟通，有针对性地进行思想道德教育，促进学生德智体美全面发展。

第九条 认真做好班级的日常管理工作，维护班级良好秩序，培养学生的规则意识、责任意识和集体荣誉感，营造民主和谐、团结互助、健康向上的集体氛围。指导班委会和团队工作。

第十条 组织、指导开展班会、团队会（日）、文体娱乐、社会实践、春（秋）游等形式多样的班级活动，注重调动学生的积极性和主动性，并做好安全防护工作。

第十一条 组织做好学生的综合素质评价工作，指导学生认真记载成长记录，实事求是地评定学生操行，向学校提出奖惩建议。

第十二条 经常与任课教师和其他教职员工沟通，主动与学生家长、学生所在社区联系，努力形成教育合力。

第四章 待遇与权利

第十三条 学校在教育管理工作中应充分发挥班主任的骨干作用，注重听取班主任意见。

第十四条 班主任工作量按当地教师标准课时工作量的一半计入教师基本工作量。各地要合理安排班主任的课时工作量，确保班主任做好班级管理工作。

第十五条 班主任津贴纳入绩效工资管理。在绩效工资分配中要向班主任倾斜。对于班主任承担超课时工作量的，以超课时补贴发放班主任津贴。

第十六条 班主任在日常教育教学管理中，有采取适当方式对学生进行批评教育的权利。

第五章　培养与培训

第十七条　教育行政部门和学校应制定班主任培养培训规划，有组织地开展班主任岗位培训。

第十八条　教师教育机构应承担班主任培训任务，教育硕士专业学位教育中应设立中小学班主任工作培养方向。

第六章　考核与奖惩

第十九条　教育行政部门建立科学的班主任工作评价体系和奖惩制度。对长期从事班主任工作或在班主任岗位上做出突出贡献的教师定期予以表彰奖励。选拔学校管理干部应优先考虑长期从事班主任工作的优秀班主任。

第二十条　学校建立班主任工作档案，定期组织对班主任的考核工作。考核结果作为教师聘任、奖励和职务晋升的重要依据。对不能履行班主任职责的，应调离班主任岗位。

第七章　附则

第二十一条　各地可根据本规定，结合当地实际情况，制定中小学班主任工作的具体实施办法。

第二十二条　本规定自发布之日起施行。